교재 머릿말만 여덟번 읽고, 쓰고,
漢子를 배우면 自信感이 생기면서 쉽게 배울 수 있다.

대한민국 한자급수(자격) 검정대비
급수검정 한자교본

韓國漢子能力檢定會 施行 · 韓國 語文會 選定

경필쓰기 겸용

학생 · 공무원 · 직장인 · 사회단체
인사고과 점수반영
수능 및 각종 시험 자격인정

배정한자 훈음 + 배정한자 연습용 습자
한자에 훈음쓰기 + 훈음에 한자쓰기
실전예상문제 20회분 + 기출문제 5회분

전국 유치원 · 초 · 중 · 고등학교
서예 한자학원에서
가장 많이 선택하여 사용하는 교재

3급 (400子)

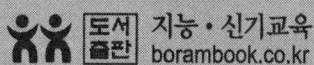
지능 · 신기교육
borambook.co.kr

머 리 말

국제화 세계화 시대에 뒤지지 않는 국제문자인 한자교육에 대한 국민적 관심도 유도하고 정보화 시대에 대응하면서 진학과 취업에 대비하고 평생 학습의 하나로 배우고자 하는 사람을 위하여 누구나 쉽게 익힘으로써 한자에 대한 두려움을 미연에 방지하고 자연스럽게 접 할 수 있도록 현대감각에 맞게 자원을 풀이하여 자원 풀이만 읽어보아도 누구나 쉽게 익힐 수 있도록 편집되어 있으며, 그로 인해 본인이 익힌 한자 실력을 객관적으로 평가하여 21세기는 자격증 시대인 만큼 누구나 본인이 익힌 만큼 급수 자격시험을 볼 수 있도록 급수별로 편집 하였습니다.

아무쪼록 이 책으로 인하여 본인이 願하는 한자급수자격 시험에 합격하시길 바랍니다.

저자 박 우 하 씀

◇ 이 級數 漢字 敎材의 特徵은! ◇

1. 本 敎材에 나온 漢字의 部首를 먼저 익히도록 하였습니다.

2. 漢字 排列은 總 劃數가 적은 것부터 總 劃數가 많은 것으로 하였습니다.

3. 音(소리) 順序는 가, 나, 다 順으로 하였습니다.

4. 漢字語(낱말)는 앞에서 배운 漢字와 지금 배우고 있는 漢字로 이루어졌으므로 앞에서 배운 漢字를 自然스럽게 反復 익힐 수 있습니다.

　　※ (:)긴소리와 짧은소리(長音·短音).　 : 긴소리(長音)

　아울러 漢字의 部首도 익히고 總 劃數도 익히며, 배운 漢字와 배우는 漢字의 合成字인 漢字語(낱말)도 꼭 익혀야 우리 日常生活에 큰 도움이 됩니다. 부디 熱心히 學習하여 좋은 結果 있기를 바랍니다.

8급 배정한자 (50字)

校 : 학교 교	母 : 어미 모	小 : 작을 소	弟 : 아우 제
敎 : 가르칠 교	木 : 나무 목	水 : 물 수	中 : 가운데 중
九 : 아홉 구	門 : 문 문	室 : 집 실	靑 : 푸를 청
國 : 나라 국	民 : 백성 민	十 : 열 십	寸 : 마디 촌
軍 : 군사 군	白 : 흰 백	五 : 다섯 오	七 : 일곱 칠
金 : 쇠 금 / : 성 김	父 : 아비 부	王 : 임금 왕	土 : 흙 토
南 : 남녘 남	北 : 북녘 북 / : 달아날 배	外 : 바깥 외	八 : 여덟 팔
女 : 계집 녀	四 : 넉 사	月 : 달 월	學 : 배울 학
年 : 해 년	山 : 메(산) 산	二 : 두 이	韓 : 한국 / : 나라 한
大 : 큰 대	三 : 석 삼	人 : 사람 인	兄 : 형 형
東 : 동녘 동	生 : 날 생	一 : 한 일	火 : 불 화
六 : 여섯 륙	西 : 서녘 서	日 : 해(날) 일	
萬 : 일만 만	先 : 먼저 선	長 : 긴 장	

7급 배정한자 (100字)

家 : 집	가	林 : 수풀	림	時 : 때	시	住 : 살	주
歌 : 노래	가	立 : 설	립	食 : 밥	식	重 : 무거울	중
間 : 사이	간	每 : 매양	매	植 : 심을	식	紙 : 종이	지
江 : 강	강	面 : 낯	면	心 : 마음	심	地 : 따	지
車 : 수레	거차	名 : 이름	명	安 : 편안	안	直 : 곧을	직
工 : 장인	공	命 : 목숨	명	語 : 말씀	어	川 : 내	천
空 : 빌	공	文 : 글월	문	然 : 그럴	연	千 : 일천	천
口 : 입	구	問 : 물을	문	午 : 낮	오	天 : 하늘	천
氣 : 기운	기	物 : 물건	물	右 : 오른	우	草 : 풀	초
記 : 기록할	기	方 : 모	방	有 : 있을	유	村 : 마을	촌
旗 : 기	기	百 : 일백	백	育 : 기를	육	秋 : 가을	추
男 : 사내	남	夫 : 지아비	부	邑 : 고을	읍	春 : 봄	춘
內 : 안	내	不 : 아니	불	入 : 들	입	出 : 날	출
農 : 농사	농	事 : 일	사	自 : 스스로	자	便 : 편할 편 오줌똥	변
答 : 대답	답	算 : 셈	산	子 : 아들	자	平 : 평평할	평
道 : 길	도	上 : 윗	상	字 : 글자	자	下 : 아래	하
動 : 움직일	동	色 : 빛	색	場 : 마당	장	夏 : 여름	하
同 : 한가지	동	夕 : 저녁	석	電 : 번개	전	漢 : 한수	한
洞 : 골	동	姓 : 성씨	성	全 : 온전	전	海 : 바다	해
冬 : 겨울	동	世 : 인간	세	前 : 앞	전	話 : 말씀	화
登 : 오를	등	少 : 적을	소	正 : 바를	정	花 : 꽃	화
來 : 올	래	所 : 바	소	祖 : 할아비	조	活 : 살	활
力 : 힘	력	手 : 손	수	足 : 발	족	孝 : 효도	효
老 : 늙을	로	數 : 셈	수	左 : 왼	좌	後 : 뒤	후
里 : 마을	리	市 : 저자	시	主 : 주인	주	休 : 쉴	휴

6급 배정한자 (150字)

角 : 뿔	각	對 : 대할	대	服 : 옷	복	夜 : 밤	야	庭 : 뜰	정
各 : 각각	각	待 : 기다릴	대	本 : 근본	본	弱 : 약할	약	定 : 정할	정
感 : 느낄	감	圖 : 그림	도	部 : 떼	부	藥 : 약	약	第 : 차례	제
強 : 강할	강	度 : 법도	도	分 : 나눌	분	洋 : 큰바다	양	題 : 문제	제
開 : 열	개	讀 : 읽을	독	社 : 모일	사	陽 : 볕	양	朝 : 아침	조
京 : 서울	경	童 : 아이	동	使 : 부릴	사	言 : 말씀	언	族 : 겨레	족
界 : 지경	계	頭 : 머리	두	死 : 죽을	사	業 : 업	업	注 : 부을	주
計 : 셀	계	等 : 무리	등	書 : 글	서	英 : 꽃부리	영	晝 : 낮	주
高 : 높을	고	樂 : 즐길	락	石 : 돌	석	永 : 길	영	集 : 모을	집
苦 : 쓸	고	例 : 법식	례	席 : 자리	석	溫 : 따뜻할	온	窓 : 창	창
古 : 옛	고	禮 : 예도	례	線 : 줄	선	勇 : 날랠	용	淸 : 맑을	청
公 : 공평할	공	路 : 길	로	雪 : 눈	설	用 : 쓸	용	體 : 몸	체
功 : 공	공	綠 : 푸를	록	成 : 이룰	성	運 : 옮길	운	親 : 친할	친
共 : 한가지	공	理 : 다스릴	리	省 : 살필	성	園 : 동산	원	太 : 클	태
科 : 과목	과	利 : 이할	리	消 : 사라질	소	遠 : 멀	원	通 : 통할	통
果 : 실과	과	李 : 오얏	리	速 : 빠를	속	由 : 말미암을	유	特 : 특별할	특
光 : 빛	광	明 : 밝을	명	孫 : 손자	손	油 : 기름	유	表 : 겉	표
交 : 사귈	교	目 : 눈	목	樹 : 나무	수	銀 : 은	은	風 : 바람	풍
球 : 공	구	聞 : 들을	문	術 : 재주	술	音 : 소리	음	合 : 합할	합
區 : 구분할	구	米 : 쌀	미	習 : 익힐	습	飮 : 마실	음	幸 : 다행	행
郡 : 고을	군	美 : 아름다울	미	勝 : 이길	승	意 : 뜻	의	行 : 다닐	행
根 : 뿌리	근	朴 : 순박할	박	始 : 비로소	시	醫 : 의원	의	向 : 향할	향
近 : 가까울	근	反 : 돌이킬	반	式 : 법	식	衣 : 옷	의	現 : 나타날	현
今 : 이제	금	半 : 반	반	信 : 믿을	신	者 : 놈	자	形 : 모양	형
急 : 급할	급	班 : 나눌	반	身 : 몸	신	昨 : 어제	작	號 : 부르짖을	호
級 : 등급	급	發 : 필	발	新 : 새	신	作 : 지을	작	和 : 화할	화
多 : 많을	다	放 : 놓을	방	神 : 귀신	신	章 : 글	장	畵 : 그림	화
短 : 짧을	단	番 : 차례	번	失 : 잃을	실	才 : 재주	재	黃 : 누를	황
當 : 집	당	別 : 다를	별	愛 : 사랑	애	在 : 있을	재	會 : 모일	회
代 : 대신	대	病 : 병	병	野 : 들	야	戰 : 싸움	전	訓 : 가르칠	훈

5급 배정한자 (200字)

價	값 가	觀	볼 관	都	도읍 도	法	법 법
可	옳을 가	廣	넓을 광	獨	홀로 독	變	변할 변
加	더할 가	橋	다리 교	落	떨어질 락	兵	병사 병
改	고칠 개	舊	예 구	朗	밝을 랑	福	복 복
客	손 객	具	갖출 구	冷	찰 랭	奉	받들 봉
擧	들 거	救	구원할 구	良	어질 량	比	견줄 비
去	갈 거	局	판 국	量	헤아릴 량	鼻	코 비
建	세울 건	貴	귀할 귀	旅	나그네 려	費	쓸 비
件	물건 건	規	법 규	歷	지날 력	氷	얼음 빙
健	굳셀 건	給	줄 급	練	익힐 련	仕	섬길 사
格	격식 격	己	몸 기	領	거느릴 령	士	선비 사
見	볼 견	基	터 기	令	하여금 령	史	사기 사
決	결단할 결	技	재주 기	勞	일할 로	思	생각 사
結	맺을 결	汽	물끓을김 기	料	헤아릴 료	寫	베낄 사
敬	공경 경	期	기약할 기	類	무리 류	査	조사할 사
景	볕 경	吉	길할 길	流	흐를 류	産	낳을 산
輕	가벼울 경	念	생각 념	陸	뭍 륙	相	서로 상
競	다툴 경	能	능할 능	馬	말 마	常	장사 상
告	고할 고	團	둥글 단	末	끝 말	賞	상줄 상
考	생각할 고	檀	단 단	望	바랄 망	序	차례 서
固	굳을 고	談	말씀 담	亡	망할 망	仙	신선 선
曲	굽을 곡	當	마땅 당	賣	팔 매	鮮	고울 선
課	과정 과	德	큰 덕	買	살 매	善	착할 선
過	지날 과	到	이를 도	無	없을 무	船	배 선
關	관계할 관	島	섬 도	倍	곱 배	選	가릴 선

5급 배정한자 (200字)

說	말씀 설	曜	빛날 요	典	법 전	最	가장 최
性	성품 성	浴	목욕할 욕	傳	전할 전	祝	빌 축
歲	해 세	雨	비 우	展	펼 전	充	채울 충
洗	씻을 세	友	벗 우	節	마디 절	致	이를 치
束	묶을 속	牛	소 우	切	끊을 절 온통 체	則	법칙 칙
首	머리 수	雲	구름 운	店	가게 점	打	칠 타
宿	잘 숙	雄	수컷 웅	情	뜻 정	他	다를 타
順	순할 순	元	으뜸 원	停	머무를 정	卓	높을 탁
示	보일 시	願	원할 원	調	고를 조	炭	숯 탄
識	알 식	原	언덕 원	操	잡을 조	宅	집 댁 택
臣	신하 신	院	집 원	卒	마칠 졸	板	널 판
實	열매 실	偉	클 위	種	씨 종	敗	패할 패
兒	아이 아	位	자리 위	終	마칠 종	品	물건 품
惡	악할 미워할 악/오	以	써 이	罪	허물 죄	必	반드시 필
案	책상 안	耳	귀 이	週	주일 주	筆	붓 필
約	맺을 약	因	인할 인	州	고을 주	河	물 하
養	기를 양	任	맡길 임	知	알 지	寒	찰 한
魚	물고기 어	財	재물 재	止	그칠 지	害	해할 해
漁	고기잡을 어	材	재목 재	質	바탕 질	許	허락할 허
億	억 억	災	재앙 재	着	붙을 착	湖	호수 호
熱	더울 열	再	두 재	參	참여할 참	化	될 화
葉	잎 엽	爭	다툴 쟁	唱	부를 창	患	근심 환
屋	집 옥	貯	쌓을 저	責	꾸짖을 책	效	본받을 효
完	완전할 완	的	과녁 적	鐵	쇠 철	凶	흉할 흉
要	요긴할 요	赤	붉을 적	初	처음 초	黑	검을 흑

4급Ⅱ 배정한자 (250字)

假	: 거짓	가	端	: 끝	단	味	: 맛	미	舍	: 집	사
街	: 거리	가	單	: 홑	단	未	: 아닐	미	寺	: 절	사
監	: 볼	감	檀	: 박달나무	단	密	: 빽빽할	밀	殺	: 죽일	살
減	: 덜	감	達	: 통달할	달	博	: 넓을	박	狀	: 형상/문서	상/장
康	: 편안	강	擔	: 멜	담	房	: 방	방	床	: 상	상
講	: 욀	강	黨	: 무리	당	防	: 막을	방	常	: 떳떳할	상
個	: 낱	개	隊	: 무리	대	訪	: 찾을	방	想	: 생각	상
檢	: 검사할	검	帶	: 띠	대	配	: 나눌	배	設	: 베풀	설
潔	: 깨끗할	결	導	: 인도할	도	背	: 등	배	誠	: 정성	성
缺	: 이지러질	결	督	: 감독할	독	拜	: 절	배	聖	: 성인	성
經	: 지날, 글	경	毒	: 독	독	罰	: 벌	벌	城	: 재	성
境	: 지경	경	銅	: 구리	동	伐	: 칠	벌	聲	: 소리	성
慶	: 경사	경	豆	: 콩	두	壁	: 벽	벽	星	: 별	성
警	: 깨우칠	경	斗	: 말	두	邊	: 가	변	盛	: 성할	성
係	: 맬	계	得	: 얻을	득	報	: 갚을	보	勢	: 형세	세
故	: 연고	고	燈	: 등	등	寶	: 보배	보	細	: 가늘	세
官	: 벼슬	관	羅	: 벌릴	라	保	: 지킬	보	稅	: 세금	세
求	: 구할	구	兩	: 두	량	步	: 걸을	보	掃	: 쓸	소
究	: 연구할	구	麗	: 고울	려	婦	: 며느리	부	笑	: 웃음	소
句	: 글귀	구	連	: 이을	련	富	: 부자	부	素	: 본디	소
宮	: 집	궁	列	: 벌릴	렬	復	: 회복할/다시	복/부	俗	: 풍속	속
權	: 권세	권	錄	: 기록할	록	副	: 버금	부	續	: 이을	속
極	: 극진할	극	論	: 논할	론	府	: 마을/관청	부	送	: 보낼	송
禁	: 금할	금	留	: 머무를	류	佛	: 부처	불	收	: 거둘	수
器	: 그릇	기	律	: 법칙	률	備	: 갖출	비	授	: 줄	수
起	: 일어날	기	滿	: 찰	만	悲	: 슬플	비	受	: 받을	수
暖	: 따뜻할	난	脈	: 줄기	맥	非	: 아닐	비	修	: 닦을	수
難	: 어려울	난	毛	: 터럭	모	飛	: 날	비	守	: 지킬	수
努	: 힘쓸	노	牧	: 칠	목	貧	: 가난할	빈	純	: 순수할	순
怒	: 성낼	노	武	: 호반	무	謝	: 사례할	사	承	: 이을	승
斷	: 끊을	단	務	: 힘쓸	무	師	: 스승	사	視	: 볼	시

4급Ⅱ 배정한자 (250字)

試	: 시험	시	應	: 응할	응	竹	: 대	죽	波	: 물결	파
詩	: 시	시	義	: 옳을	의	準	: 준할	준	破	: 깨뜨릴	파
施	: 베풀	시	議	: 의논할	의	衆	: 무리	중	砲	: 대포	포
是	: 이	시	移	: 옮길	이	增	: 더할	증	包	: 쌀	포
息	: 쉴	식	益	: 더할	익	至	: 이를	지	布	: 베,보시	포,보
申	: 납	신	認	: 알	인	志	: 뜻	지	暴	: 사나울	폭
深	: 깊을	심	印	: 도장	인	支	: 지탱할	지	票	: 표	폭
眼	: 눈	안	引	: 끌	인	指	: 가리킬	지	豊	: 풍년	풍
暗	: 어두울	암	將	: 장수	장	職	: 직분	직	限	: 한할	한
壓	: 누를	압	障	: 막을	장	進	: 나아갈	진	港	: 항구	항
液	: 진	액	低	: 낮을	저	眞	: 참	진	航	: 배	항
羊	: 양	양	敵	: 대적할	적	次	: 버금	차	解	: 풀	해
餘	: 남을	여	田	: 밭	전	察	: 살필	찰	香	: 향기	향
如	: 같을	여	絶	: 끊을	절	創	: 비롯할	창	鄕	: 시골	향
逆	: 거스를	역	接	: 이을	접	處	: 곳	처	虛	: 빌	허
煙	: 연기	연	精	: 정할	정	請	: 청할	청	驗	: 시험할	험
演	: 펼	연	程	: 길	정	銃	: 총	총	賢	: 어질	현
硏	: 갈	연	政	: 정사	정	總	: 다	총	血	: 피	혈
榮	: 영화	영	祭	: 제사	제	築	: 쌓을	축	協	: 화할	협
藝	: 재주	예	濟	: 건널	제	蓄	: 모을	축	惠	: 은혜	혜
誤	: 그르칠	오	製	: 지을	제	蟲	: 벌레	충	好	: 좋을	호
玉	: 구슬	옥	際	: 즈음, 가	제	忠	: 충성	충	呼	: 부를	호
往	: 갈	왕	制	: 절제할	제	取	: 가질	취	護	: 도울	호
謠	: 노래	요	提	: 끌	제	測	: 헤아릴	측	戶	: 집	호
容	: 얼굴	용	除	: 덜	제	置	: 둘	치	貨	: 재물	화
員	: 인원	원	助	: 도울	조	齒	: 이	치	確	: 굳을	확
圓	: 둥글	원	鳥	: 새	조	治	: 다스릴	치	回	: 돌아올	회
爲	: 하,할	위	造	: 지을	조	侵	: 침노할	침	吸	: 마실	흡
衛	: 지킬	위	早	: 이를	조	快	: 쾌할	쾌	興	: 일	흥
肉	: 고기	육	尊	: 높을	존	態	: 모습	태	希	: 바랄	희
恩	: 은혜	은	宗	: 마루	종	統	: 거느릴	통			
陰	: 그늘	음	走	: 달릴	주	退	: 물러날	퇴			

4급 배정한자 (250字)

暇	틈, 겨를 가	庫	곳집 고	卵	알 란	批	비평할 비
覺	깨달을 각	穀	곡식 곡	覽	볼 람	碑	비석 비
刻	새길 각	困	곤할 곤	略	간략할,약할 략	辭	말씀 사
看	볼 간	骨	뼈 골	糧	양식 량	絲	실 사
簡	대쪽 간	攻	칠 공	慮	생각할 려	私	사사 사
干	방패 간	孔	구멍 공	烈	매울 렬	射	쏠 사
甘	달 감	管	대롱,주관할 관	龍	용 룡	散	흩을 산
敢	감히,구태여 감	鑛	쇳돌 광	柳	버들 류	象	코끼리 상
甲	갑옷 갑	構	얽을 구	輪	바퀴 륜	傷	다칠 상
降	내릴 강	君	임금 군	離	떠날 리	宣	베풀 선
更	고칠 갱	群	무리 군	妹	누이 매	舌	혀 설
巨	클 거	屈	굽힐 굴	勉	힘쓸 면	屬	붙일 속
據	근거 거	窮	다할 궁	鳴	울 명	損	덜 손
拒	막을 거	勸	권할 권	模	본뜰 모	松	소나무 송
居	살 거	卷	책 권	妙	묘할 묘	頌	칭송할,기릴 송
傑	뛰어날 걸	券	문서 권	墓	무덤 묘	秀	빼어날 수
儉	검소할 검	歸	돌아갈 귀	舞	춤출 무	肅	엄숙할 숙
擊	칠 격	均	고를 균	拍	칠 박	叔	아재비 숙
激	격할 격	劇	심할 극	髮	터럭 발	崇	높을 숭
堅	굳을 견	筋	힘줄 근	妨	방해할 방	氏	성씨 씨
犬	개 견	勤	부지런할 근	範	범 범	額	이마 액
驚	놀랄 경	奇	기특할 기	犯	범할 범	樣	모양 양
傾	기울 경	機	틀 기	辯	말씀 변	嚴	엄할 엄
鏡	거울 경	紀	벼리 기	普	넓을 보	與	더불,줄 여
繼	이을 계	寄	부칠 기	伏	엎드릴 복	易	바꿀,쉬울 역
階	섬돌 계	納	들일 납	複	겹칠 복	域	지경 역
戒	경계할 계	段	층계 단	否	아닐 부	延	늘일 연
季	계절 계	徒	무리 도	負	질 부	緣	인연 연
鷄	닭 계	逃	도망 도	憤	분할 분	鉛	납 연
系	이어맬 계	盜	도둑 도	粉	가루 분	燃	탈 연
孤	외로울 고	亂	어지러울 란	祕	숨길 비	營	경영할 영

4급 배정한자 (250字)

迎	: 맞을	영	獎	: 장려할	장	智	: 지혜, 슬기	지	篇	: 책	편
映	: 비칠	영	帳	: 장막	장	織	: 짤	직	評	: 평할	평
豫	: 미리	예	張	: 베풀	장	盡	: 다할	진	閉	: 닫을	폐
遇	: 만날	우	底	: 밑	저	珍	: 보배	진	胞	: 세포	포
優	: 넉넉할	우	適	: 맞을	적	陳	: 진칠	진	爆	: 불터질	폭
郵	: 우편	우	籍	: 문서	적	差	: 다를	차	標	: 표할	표
怨	: 원망할	원	賊	: 도둑	적	讚	: 기릴	찬	疲	: 피곤할	피
援	: 도울	원	績	: 길쌈	적	採	: 캘	채	避	: 피할	피
源	: 근원	원	積	: 쌓을	적	冊	: 책	책	閑	: 한가할	한
圍	: 에워쌀	위	專	: 오로지	전	泉	: 샘	천	恨	: 한	한
危	: 위태할	위	轉	: 구를	전	聽	: 들을	청	抗	: 겨룰	항
威	: 위엄	위	錢	: 돈	전	廳	: 관청	청	核	: 씨	핵
委	: 맡길	위	折	: 꺾을	절	招	: 부를	초	憲	: 법	헌
慰	: 위로할	위	點	: 점	점	推	: 밀	추	險	: 험할	험
遺	: 남길	유	占	: 점령할	점	縮	: 줄일	축	革	: 가죽	혁
乳	: 젖	유	丁	: 고무래	정	趣	: 뜻	취	顯	: 나타날	현
遊	: 놀	유	整	: 가지런할	정	就	: 나아갈	취	刑	: 형벌	형
儒	: 선비	유	靜	: 고요할	정	層	: 층	층	或	: 혹	혹
隱	: 숨을	은	帝	: 임금	제	寢	: 잘	침	混	: 섞을	혼
依	: 의지할	의	條	: 가지	조	針	: 바늘	침	婚	: 혼인할	혼
疑	: 의심할	의	組	: 짤	조	稱	: 일컬을	칭	紅	: 붉을	홍
儀	: 거동	의	潮	: 조수	조	彈	: 탄알	탄	華	: 빛날	화
異	: 다를	이	存	: 있을	존	歎	: 탄식할	탄	環	: 고리	환
仁	: 어질	인	從	: 좇을	종	脫	: 벗을	탈	歡	: 기쁠	환
姿	: 모양	자	鍾	: 쇠북	종	探	: 찾을	탐	況	: 상황	황
姉	: 손위누이	자	座	: 자리	좌	擇	: 가릴	택	灰	: 재	회
資	: 재물	자	周	: 두루	주	討	: 칠	토	候	: 기후	후
殘	: 남을	잔	朱	: 붉을	주	痛	: 아플	통	厚	: 두터울	후
雜	: 섞일	잡	酒	: 술	주	鬪	: 싸움	투	揮	: 휘두를	휘
壯	: 장할	장	證	: 증거	증	投	: 던질	투	喜	: 기쁠	희
腸	: 창자	장	誌	: 기록할	지	派	: 갈래	파			
裝	: 꾸밀	장	持	: 가질	지	判	: 판단할	판			

3급Ⅱ 배정한자(400字)

佳 : 아름다울 가	怪 : 괴이할 괴	蘭 : 난초 란	慕 : 그릴 모	卑 : 낮을 비
脚 : 다리 각	壞 : 무너질 괴	浪 : 물결 랑	謀 : 꾀 모	婢 : 계집종 비
閣 : 집 각	巧 : 공교할 교	郞 : 사내 랑	睦 : 화목할 목	司 : 맡길 사
刊 : 새길 간	較 : 비교 교	廊 : 사랑채 랑	沒 : 빠질 몰	沙 : 모래 사
肝 : 간 간	久 : 오랠 구	凉 : 서늘할 량	夢 : 꿈 몽	邪 : 간사할 사
幹 : 줄기 간	拘 : 잡을 구	勵 : 힘쓸 려	蒙 : 어두울 몽	祀 : 제사 사
懇 : 간절할 간	菊 : 국화 국	曆 : 책력 력	茂 : 무성할 무	詞 : 말, 글 사
鑑 : 거울 감	弓 : 활 궁	聯 : 연이을 련	貿 : 무역할 무	森 : 수풀 삼
剛 : 굳셀 강	拳 : 주먹 권	鍊 : 쇠불릴 련	默 : 잠잠할 묵	尙 : 오히려 상
綱 : 벼리 강	鬼 : 귀신 귀	戀 : 그릴 련	紋 : 무늬 문	喪 : 잃을 상
介 : 낄 개	克 : 이길 극	嶺 : 고개 령	勿 : 말 물	詳 : 자세할 상
槪 : 대개 개	琴 : 거문고 금	靈 : 신령 령	微 : 작을 미	裳 : 치마 상
距 : 상거할 거	禽 : 새 금	露 : 이슬 로	迫 : 핍박할 박	像 : 모양 상
乾 : 하늘 건	錦 : 비단 금	爐 : 화로 로	薄 : 엷을 박	霜 : 서리 상
劍 : 칼 검	及 : 미칠 급	弄 : 희롱할 롱	般 : 일반 가지 반	雙 : 두, 쌍 쌍
訣 : 이별할 결	企 : 꾀할 기	賴 : 의뢰할 뢰	飯 : 밥 반	索 : 찾을 색
兼 : 겸할 겸	其 : 그 기	樓 : 다락 루	培 : 북돋울 배	徐 : 천천할 서
謙 : 겸손할 겸	祈 : 빌 기	倫 : 인륜 륜	排 : 밀칠 배	恕 : 용서할 서
耕 : 밭갈 경	畿 : 경기 기	栗 : 밤 률	輩 : 무리 배	署 : 관청 서
頃 : 잠깐 경	緊 : 긴할 긴	率 : 거느릴 솔, 률	伯 : 맏 백	緖 : 실마리 서
契 : 맺을 계	諾 : 허락할 낙	隆 : 높을 륭	繁 : 번성할 번	惜 : 아낄 석
啓 : 열 계	娘 : 아가씨 낭	陵 : 언덕 릉	凡 : 무릇 범	釋 : 풀 석
械 : 기계 계	耐 : 견딜 내	吏 : 관리 리	碧 : 푸를 벽	旋 : 돌 선
溪 : 시내 계	寧 : 편안 녕	裏 : 속 리	丙 : 남녁 병	疏 : 소통할 소
姑 : 시어미 고	奴 : 종 노	履 : 밟을 리	補 : 기울 보	訴 : 호소할 소
鼓 : 북 고	腦 : 골, 뇌수 뇌	臨 : 임할 림	腹 : 배 복	蘇 : 되살아날 소
稿 : 볏짚 고	茶 : 차 다	莫 : 없을 막	封 : 봉할 봉	刷 : 인쇄할 쇄
谷 : 골 곡	丹 : 붉을 단	幕 : 장막 막	峯 : 봉우리 봉	衰 : 쇠할 쇠
哭 : 울 곡	旦 : 아침 단	漠 : 넓을 막	逢 : 만날 봉	帥 : 장수 수
供 : 이바지할 공	但 : 다만 단	妄 : 망령될 망	付 : 부칠 부	殊 : 다를 수
恭 : 공손할 공	淡 : 맑을 담	梅 : 매화 매	扶 : 도울 부	愁 : 근심 수
貢 : 바칠 공	踏 : 밟을 답	盲 : 소경 맹	附 : 붙을 부	需 : 쓸 수
恐 : 두려울 공	唐 : 당나라 당	孟 : 맏 맹	浮 : 뜰 부	壽 : 목숨 수
誇 : 자랑할 과	臺 : 대 대	猛 : 사나울 맹	符 : 부호 부	隨 : 따를 수
寡 : 적을 과	刀 : 칼 도	盟 : 맹세 맹	簿 : 문서 부	輸 : 보낼 수
冠 : 갓 관	途 : 길 도	眠 : 잘 면	奔 : 달릴 분	獸 : 짐승 수
貫 : 꿸 관	陶 : 질그릇 도	綿 : 솜 면	紛 : 어지러울 분	淑 : 맑을 숙
寬 : 너그러울 관	突 : 갑자기 돌	滅 : 멸할 멸	奮 : 떨칠 분	熟 : 익을 숙
慣 : 익숙할 관	絡 : 이을 락	銘 : 새길 명	妃 : 왕비 비	旬 : 열흘 순
館 : 집 관	欄 : 난간 란	貌 : 모양 모	肥 : 살찔 비	巡 : 돌 순

3급 II 배정한자(400字)

瞬	눈깜짝일 순	烏	까마귀 오	載	실을 재	此	이 차	弊	폐단 해질 폐
述	펼 술	悟	깨달을 오	抵	막을 저	贊	도울 찬	浦	개 포
拾	주울 습, 열 십	獄	옥 옥	著	나타날 저	昌	창성할 창	楓	단풍 풍
襲	엄습할 습	辱	욕될 욕	寂	고요할 적	倉	곳집 창	皮	가죽 피
昇	오를 승	欲	하고자할 욕	笛	피리 적	蒼	푸를 창	彼	저 피
乘	탈 승	慾	욕심 욕	跡	발자취 적	彩	채색 채	被	입을 피
僧	중 승	宇	집 우	摘	딸 적	菜	나물 채	畢	마칠 필
侍	모실 시	偶	짝 우	蹟	자취 적	策	꾀 책	何	어찌 하
飾	꾸밀 식	愚	어리석을 우	漸	점점 점	妻	아내 처	賀	하례할 하
愼	삼갈 신	憂	근심 우	井	우물 정	尺	자 척	鶴	학 학
甚	심할 심	韻	운 운	廷	조정 정	拓	넓힐 척	割	벨 할
審	살필 심	越	넘을 월	征	칠 정	戚	친척 척	含	머금을 함
我	나 아	謂	이를 위	亭	정자 정	淺	얕을 천	陷	빠질 함
亞	버금 아	幼	어릴 유	貞	곧을 정	踐	밟을 천	恒	항상 항
阿	언덕 아	柔	부드러울 유	頂	정수리 정	賤	천할 천	項	항목 항
雅	맑을 아	幽	그윽할 유	淨	깨끗할 정	哲	밝을 철	響	울릴 향
岸	언덕 안	悠	멀 유	齊	가지런할 제	徹	통할 철	獻	드릴 헌
顔	낯 안	猶	오히려 유	諸	모두 제	肖	닮을, 같을 초	玄	검을 현
巖	바위 암	裕	넉넉할 유	兆	억조 조	超	뛰어넘을 초	懸	달 현
央	가운데 앙	維	벼리 유	照	비칠 조	礎	주춧돌 초	脅	위협할 협
仰	우러를 앙	誘	필 유	縱	세로 종	促	재촉할 촉	慧	슬기로울 혜
哀	슬플 애	潤	불을 윤	坐	앉을 좌	觸	닿을 촉	虎	범 호
若	같을 약, 반야 야	乙	새 을	宙	집 주	催	재촉할 최	胡	되 호
揚	날릴 양	已	이미 이	洲	물가 주	追	쫓을 따를 추	浩	넓을 호
壤	흙덩이 양	翼	날개 익	柱	기둥 주	衝	찌를 충	豪	호걸 호
讓	사양할 양	忍	참을 인	卽	곧 즉	吹	불 취	惑	미혹할 혹
御	거느릴 어	逸	편안할 일	症	증세 증	醉	취할 취	魂	넋 혼
抑	누를 억	壬	북방 임	曾	일찍 증	側	곁 측	忽	갑자기 홀
憶	생각할 억	慈	사랑 자	蒸	찔 증	値	값 치	洪	넓을 홍
亦	또 역	暫	잠깐 잠	憎	미울 증	恥	부끄러울 치	禍	재앙 화
役	부릴 역	潛	잠길 잠	之	갈 지	稚	어릴 치	換	바꿀 환
譯	번역할 역	丈	어른 장	池	못 지	沈	잠길 침, 성 심	還	돌아올 환
驛	역 역	莊	씩씩할 장	辰	별 진, 때 신	塔	탑 탑	皇	임금 황
沿	물따라갈 연	掌	손바닥 장	振	떨칠 진	殆	거의 태	悔	뉘우칠 회
宴	잔치 연	葬	장사지낼 장	陳	베풀 진	泰	클 태	懷	품을 회
軟	연할 연	粧	단장할 장	鎭	진압할 진	澤	못 택	劃	그을 획
悅	기쁠 열	藏	감출 장	疾	병 질	兎	토끼 토	獲	얻을 획
染	물들 염	臟	오장 장	秩	차례 질	版	판목 판	橫	가로 횡
影	그림자 영	栽	심을 재	執	잡을 집	片	조각 편	稀	드물 희
譽	기릴 명예 예	裁	옷마를 재	徵	부를 징	肺	허파 폐	戱	놀이 희

3급 배정한자(414字)

漢字	훈	음:쪽	漢字	훈	음:쪽	漢字	훈	음:쪽	漢字	훈	음:쪽	漢字	훈	음:쪽
架	시렁	가:36	糾	얽힐	구:31	劣	못할	렬:24	迷	미혹할	미:44	賜	줄	사:73
却	물리칠	각:26	菌	버섯	균:56	裂	찢어질	렬:58	敏	민첩할	민:51	削	깎을	삭:39
姦	간음할	간:37	斤	근	근:19	廉	청렴할	렴:62	憫	민망할	민:73	朔	초하루	삭:44
渴	목마를	갈:56	僅	겨우	근:61	獵	사냥	렵:83	蜜	꿀	밀:68	桑	뽕나무	상:44
鋼	강철	강:76	謹	삼갈	근:83	零	떨어질	령:62	泊	머무를	박:32	祥	상서	상:52
皆	다	개:37	肯	즐길	긍:31	鹿	사슴	록:50	伴	짝	반:27	嘗	맛볼	상:69
蓋	덮을	개:67	忌	꺼릴	기:27	祿	녹	록:62	返	돌이킬	반:32	償	갚을	상:81
慨	슬퍼할	개:67	豈	어찌	기:43	雷	우레	뢰:62	叛	배반할	반:39	塞	막힐	색:63
乞	빌	걸:18	飢	주릴	기:49	了	마칠	료:18	盤	소반	반:73	庶	여러	서:52
隔	사이뜰	격:61	旣	이미	기:49	僚	동료	료:67	拔	뽑을	발:32	敍	펼	서:52
肩	어깨	견:30	棄	버릴	기:57	累	여러	루:50	芳	꽃다울	방:32	暑	더울	서:63
牽	이끌	견:48	幾	몇	기:57	淚	눈물	루:50	邦	나라	방:28	誓	맹세할	서:69
遣	보낼	견:67	欺	속일	기:57	屢	여러	루:67	倣	본뜰	방:44	昔	옛	석:33
絹	비단	견:61	騎	말탈	기:83	漏	샐	루:67	傍	곁	방:58	析	쪼갤	석:33
庚	별	경:30	那	어찌	나:27	梨	배	리:60	杯	잔	배:32	禪	선	선:82
徑	지름길	경:42	乃	이에	내:18	隣	이웃	린:72	煩	번거로울	번:63	涉	건널	섭:45
竟	마침내	경:48	奈	어찌	내:31	麻	삼	마:50	飜	번역할	번:86	攝	잡을	섭:86
卿	벼슬	경:56	惱	번뇌할	뇌:57	磨	갈	마:77	辨	분별할	변:77	召	부를	소:22
硬	굳을	경:56	泥	진흙	니:31	晩	늦을	만:50	屛	병풍	병:51	昭	밝을	소:39
癸	북방	계:37	畓	논	답:38	慢	거만할	만:68	竝	나란히	병:44	蔬	나물	소:73
桂	계수나무	계:42	糖	엿	당:77	漫	흩어질	만:68	譜	족보	보:84	燒	사를	소:78
繫	맬	계:84	貸	빌릴	대:57	忙	바쁠	망:24	卜	점	복:18	騷	떠들	소:85
枯	마를	고:37	挑	돋을	도:38	忘	잊을	망:27	覆	덮을	복:83	粟	조	속:59
顧	돌아볼	고:85	倒	넘어질	도:43	罔	없을	망:32	蜂	벌	봉:63	訟	송사할	송:52
坤	땅	곤:31	桃	복숭아	도:43	茫	아득할	망:43	鳳	새	봉:68	誦	욀	송:69
郭	둘레	곽:48	渡	건널	도:57	埋	묻을	매:43	赴	다다를	부:39	鎖	쇠사슬	쇄:83
狂	미칠	광:26	塗	칠할	도:62	媒	중매	매:58	腐	썩을	부:68	囚	가둘	수:22
掛	걸	괘:49	跳	뛸	도:62	麥	보리	맥:51	賦	부세	부:68	垂	드리울	수:33
塊	흙덩이	괴:61	稻	벼	도:71	免	면할	면:27	墳	무덤	분:73	搜	찾을	수:64
愧	부끄러울	괴:61	篤	도타울	독:77	冥	어두울	명:44	拂	떨칠	불:33	須	모름지기	수:59
郊	들	교:37	豚	돼지	돈:49	某	아무	모:38	朋	벗	붕:33	遂	드디어	수:64
矯	바로잡을	교:80	敦	도타울	돈:58	侮	업신여길	모:38	崩	무너질	붕:51	睡	졸음	수:64
丘	언덕	구:21	凍	얼	동:43	募	모을	모:63	賓	손	빈:69	誰	누구	수:74
苟	구차할	구:37	屯	진칠	둔:19	暮	저물	모:72	頻	자주	빈:77	雖	비록	수:81
狗	개	구:31	鈍	둔할	둔:58	卯	토끼	묘:22	聘	부를	빙:63	孰	누구	숙:52
俱	함께	구:42	騰	오를	등:85	苗	모	묘:38	巳	뱀	사:19	殉	따라죽을	순:45
懼	두려워할	구:85	濫	넘칠	람:80	廟	사당	묘:72	似	닮을	사:28	脣	입술	순:53
驅	몰	구:85	掠	노략질할	략:49	戊	천간	무:22	捨	버릴	사:51	循	돌	순:59
龜	거북	구:77	梁	들보	량:49	霧	안개	무:84	蛇	긴뱀	사:51	戌	개	술:24
厥	그	궐:56	諒	살펴알	량:72	墨	먹	묵:73	斜	비낄	사:52	濕	젖을	습:81
軌	바퀴자국	궤:38	蓮	연꽃	련:72	尾	꼬리	미:27	詐	속일	사:58	矢	화살	시:22
叫	부르짖을	규:21	憐	불쌍히길	련:72	眉	눈썹	미:39	斯	이	사:59	辛	매울	신:28

3급 배정한자(414字)

伸 : 펼	신:28	畏 : 두려워할	외:40	蝶 : 나비	접:75	抄 : 뽑을	초:29	匹 : 짝	필:21
晨 : 새벽	신:53	搖 : 흔들	요:65	訂 : 바로잡을	정:41	秒 : 분초	초:41	荷 : 멜	하:55
尋 : 찾을	심:59	遙 : 멀	요:69	堤 : 둑	제:60	燭 : 촛불	촉:82	汗 : 땀	한:26
牙 : 어금니	아:19	腰 : 허리	요:65	弔 : 조상할	조:20	聰 : 귀밝을	총:82	旱 : 가물	한:30
芽 : 싹	아:33	庸 : 떳떳할	용:53	租 : 조세	조:46	抽 : 뽑을	추:36	咸 : 다	함:42
餓 : 주릴	아:78	又 : 또	우:18	燥 : 마를	조:81	醜 : 추할	추:82	巷 : 거리	항:42
岳 : 큰산	악:34	于 : 어조사	우:18	拙 : 졸할	졸:35	丑 : 소	축:21	亥 : 돼지	해:26
雁 : 기러기	안:74	尤 : 더욱	우:20	佐 : 도울	좌:29	畜 : 짐승	축:47	奚 : 어찌	해:47
謁 : 뵐	알:78	羽 : 깃	우:25	舟 : 배	주:25	逐 : 쫓을	축:54	該 : 갖출	해:66
押 : 누를	압:34	云 : 이를	운:20	奏 : 아뢸	주:41	臭 : 냄새	취:47	享 : 누릴	향:36
殃 : 재앙	앙:39	胃 : 밥통	위:40	株 : 그루	주:46	漆 : 옻	칠:70	軒 : 집	헌:48
涯 : 물가	애:53	違 : 어긋날	위:65	珠 : 구슬	주:46	枕 : 베개	침:36	絃 : 줄	현:55
厄 : 액	액:20	僞 : 거짓	위:69	鑄 : 쇠불릴	주:86	浸 : 잠길	침:47	縣 : 고을	현:80
也 : 잇기	야:19	緯 : 씨	위:74	俊 : 준걸	준:41	妥 : 온당할	타:29	穴 : 굴	혈:23
耶 : 어조사	야:40	酉 : 닭	유:29	遵 : 쫓을	준:79	墮 : 떨어질	타:75	嫌 : 싫어할	혐:66
躍 : 뛸	약:86	唯 : 오직	유:53	仲 : 버금	중:25	托 : 맡길	탁:26	亨 : 형통할	형:30
楊 : 버들	양:64	惟 : 생각할	유:54	贈 : 줄	증:84	濁 : 흐릴	탁:79	螢 : 반딧불	형:80
於 : 어조사	어:34	愈 : 나을	유:65	只 : 다만	지:23	濯 : 씻을	탁:82	衡 : 저울대	형:80
焉 : 어찌	언:53	閏 : 윤달	윤:60	枝 : 가지	지:35	誕 : 낳을	탄:71	兮 : 어조사	혜:21
予 : 나	여:20	吟 : 읊을	음:29	遲 : 더딜	지:79	奪 : 빼앗을	탈:71	互 : 서로	호:21
汝 : 너	여:24	淫 : 음란할	음:54	震 : 우레	진:75	貪 : 탐낼	탐:55	乎 : 어조사	호:23
余 : 나	여:28	泣 : 울	읍:35	姪 : 조카	질:41	湯 : 끓을	탕:60	毫 : 터럭	호:56
輿 : 수레	여:81	凝 : 엉길	응:78	懲 : 징계할	징:84	怠 : 게으를	태:41	昏 : 어두울	혼:36
疫 : 전염병	역:40	矣 : 어조사	의:29	且 : 또	차:23	吐 : 토할	토:26	弘 : 클	홍:23
燕 : 제비	연:78	宜 : 마땅	의:35	借 : 빌릴	차:46	透 : 사무칠	투:55	鴻 : 기러기	홍:82
閱 : 볼	열:74	而 : 말이을	이:25	捉 : 잡을	착:47	頗 : 자못	파:71	禾 : 벼	화:24
炎 : 불꽃	염:34	夷 : 오랑캐	이:25	錯 : 어긋날	착:79	罷 : 마칠	파:75	擴 : 넓힐	확:84
鹽 : 소금	염:86	姻 : 혼인	인:40	慘 : 참혹할	참:70	播 : 뿌릴	파:76	穫 : 거둘	확:85
泳 : 헤엄칠	영:34	寅 : 범	인:54	慙 : 부끄러울	참:75	把 : 잡을	파:30	丸 : 둥글	환:19
詠 : 읊을	영:59	賃 : 품삯	임:65	暢 : 화창할	창:70	販 : 팔	판:55	荒 : 거칠	황:48
銳 : 날카로울	예:74	刺 : 찌를	자:35	債 : 빚	채:66	貝 : 조개	패:30	曉 : 새벽	효:80
汚 : 더러울	오:24	玆 : 이	자:45	斥 : 물리칠	척:23	偏 : 치우칠	편:55	侯 : 제후	후:42
吾 : 나	오:28	恣 : 방자할	자:45	遷 : 옮길	천:75	遍 : 두루	편:66	毁 : 헐	훼:66
娛 : 즐길	오:45	紫 : 자주빛	자:54	薦 : 천거할	천:82	編 : 엮을	편:76	輝 : 빛날	휘:76
嗚 : 슬플	오:64	酌 : 술부을	작:46	尖 : 뾰족할	첨:25	廢 : 폐할	폐:76	携 : 이끌	휴:66
傲 : 거만할	오:64	爵 : 벼슬	작:83	添 : 더할	첨:54	蔽 : 덮을	폐:79	胸 : 가슴	흉:48
翁 : 늙은이	옹:45	墻 : 담	장:79	妾 : 첩	첩:35	幣 : 화폐	폐:76		
擁 : 낄	옹:78	哉 : 어조사	재:40	晴 : 갤	청:60	抱 : 안을	포:36		
瓦 : 기와	와:22	宰 : 재상	재:46	逮 : 잡을	체:60	捕 : 잡을	포:47		
臥 : 누울	와:34	滴 : 물방울	적:70	替 : 바꿀	체:60	飽 : 배부를	포:71		
緩 : 느릴	완:74	殿 : 전각	전:65	遞 : 갈릴	체:70	幅 : 폭	폭:61		
曰 : 가로	왈:20	竊 : 훔칠	절:86	滯 : 막힐	체:70	漂 : 떠다닐	표:71		

3급 배정한자 부수

邑	뜻	소리		성곽(口)을 쌓고 땅이름(巴)을 갖고 신분의 높고 낮음, 크고 작음이 있는 '고을(邑)'을 뜻한 자
	고을	읍		

총 7 획   쓰는순서 : ` ㅁ ㅁ 吊 吊 邑 邑

고을 읍							
邑							

고을 읍							
阝							

鹵	뜻	소리		'소금포대' 모양을 본뜬 자
	소금	로		

총 11 획   쓰는순서 : ` ㅏ ㅏ 内 肉 鹵 鹵

소금 로							
鹵							

소금 로							
鹵							

3급 배정한자

이에 내:	부수 : ノ 총 2 획
乃	삐칠(ノ)듯 활(弓→ㄋ)을 끌어 당겨 이에(乃)쓰다

乃至(내:지) : 또는, 혹은
乃後(내:후) : 너의 자손

마칠 료	부수 : 亅 총 2 획
了	걸어(ㄱ)놓은 갈고리(亅)인 도구를 보니 일을 마치다(了)

修了(수료) : 학과를 다 배워서 마침
完了(완료) : 완전히 마침

점 복	부수 : 卜 총 2 획
卜	거북이 등 껍데기를 태울 때 나타나는 갈라진 선의 모양을 본떠 "점"의 뜻이 된 자

卜吉(복길) : 길한 날짜를 가려서 받음
卜日(복일) : 좋은 날짜를 점쳐서 가림
卜定(복정) : 길흉을 점쳐서 정함

또 우	부수 : 又 총 2 획
又	오른손 모양을 본뜬 자로 오른손은 자주 쓰인다 하여 "또", "다시"의 뜻으로 쓰인 자

빌 걸	부수 : 乙 총 3 획
乞	사람(人→𠂉)이 새(乙)모양처럼 허리를 굽히며 잘못을 빌다(乞)

乞人(걸인) : 거지. 비렁뱅이
門前乞食(문전걸식) : 이집 저집 돌아다니며 빌어먹음
哀乞伏乞(애:걸복걸) : 갖은 수단으로 머리 숙여 빌고 원함

어조사 우	부수 : 二 총 3 획
于	한(一)마디 한마디 할 때 입김(丂)이 나가는 모양을 본떠 어조사(亐→于)로 쓰이게 된 자

于今(우금) : 지금까지

3급 배정한자

뱀 사:	부수 : 巳　　　총 3 획
巳	뱀(ᘡ→ᕿ→巳)의 모양을 본뜬 자

巳時(사시) : 12시의 여섯째 시. 곧 상오 9시부터 11시까지의 사이

잇기 야:	부수 : 乙　　　총 3 획
也	갈고리(亅→ㄱ)끝으로 구멍을 뚫을(丨)수 없어 새(乙→ㄴ)배처럼 구부려 다른 물체와 서로 잇다(也)

둥글 환	부수 : 丶　　　총 3 획
丸	아홉(九)개의 점(丶)이 모두 둥글다(丸)

丸藥(환약) : 잘고 둥글둥글하게 만든 알약
彈丸(탄환) : 탄알

도끼 근	부수 : 斤　　　총 4 획
斤	"도끼"의 모양을 본뜬 자

斤量(근량) : 저울에 단 무게
斤兩(근량) : 무게 단위에 근과 양

진칠 둔	부수 : 屮　　　총 4 획
屯	한(一)곳에다 풀 싹(屮→屯)을 베어다 진치다(屯)

屯監(둔감) : 둔토를 감독하던 사람　　　屯畓(둔답) : 주둔병의 군량을 자급하기 위한 논
屯田(둔전) : 주둔병이 군량을 자급하기 위하여 마련 된 밭
屯營(둔영) : 군사가 주둔한 군영

어금니 아	부수 : 牙　　　총 4 획
牙	음식물을 씹을 때 위아래로 서로 맞물리는 이 "어금니"를 본뜬 자

牙器(아기) : 상아로 만든 그릇　　　牙城(아성) : 적의 가장 중요한 근거지
象牙(상아) : 코끼리의 어금니　　　齒牙(치아) : 사람의 이
象牙塔(상아탑) : 학자들의 현실 도피적·관념적 학구 생활

3급 배정한자

액 액	부수 : 厂	총 4획

厄 언덕(厂)밑으로 병부(卩→巳)가진 벼슬아치도 숨어 들어가 액(厄)을 면했다

厄難(액난) : 재앙과 어려움 　　　　　　　　厄年(액년) : 운수가 사나운 해
厄運(액운) : 액을 당할 모질고 사나운 운수
災厄(재액) : 재앙. 재난

나 여	부수 : 亅	총 4획

予 한(一→㇇)개의 점(丶)같은 못에다 한(一→㇇)개의 갈고리(亅)를 거니 나(予)다

가로 왈	부수 : 曰	총 4획

曰 입(口)에서 입김(ㄴ)이 나가는 모양을 보고 "말하다" 또는 "가로하다"를 나타낸 자

曰可曰否(왈가왈부) : 어떤 일에 좋거니 좋지 않거니 말함
曰若(왈약) : 말을 시작할 때의 조사

더욱 우	부수 : 尤	총 4획

尤 절름발이(尢)한테 점(丶)같은 둥근 무거운 짐을 어깨 위에 지우니 더욱(尤) 절름거리다

尤妙(우묘) : 더욱 묘함. 매우 신통함
尤甚(우심) : 더욱 심함

이를 운	부수 : 二	총 4획

云 두(二)번이나 사사(厶)한 행동을 하니 말로 못하게 이르다(云)

云云(운운) : 여러 가지 말
云謂(운위) : 일러 말함

조상할 조:	부수 : 弓	총 4획

弔 활(弓)과 과녁을 뚫을(丨)수 있는 화살을 지니고 가서 남의 시체에 조상하다(弔)

弔客(조:객) : 조상하는 손님　　　　　　弔旗(조:기) : 남의 죽음을 슬퍼하는 뜻으로 다는 깃발
弔喪(조:상) : 사람의 죽음에 대해 애도의 뜻을 표함
慶弔(경:조) : 경사스러운 일과 궂은일　　　　弔意(조:의) : 남의 죽음을 슬퍼하는 마음

3급 배정한자

소 축	부수 : 一　　　　총 4 획
丑	손(ヨ→ㅋ)으로 소코를 뚫어(l)쥐고 있는 소(丑)고삐를 본뜬 자

丑年(축년) : 소의 해
丑時(축시) : 오전 1시 ~ 3시까지의 동안

짝 필	부수 : ㄷ　　　　총 4 획
匹	감출(ㄷ)수 있는 어진사람(儿)이 진정한 나의 짝(匹)이다

匹馬(필마) : 한 필의 말
匹夫(필부) : 한 사람의 사나이. 신분이 낮은 사람
匹婦(필부) : 신분이 낮은 사람의 지어미　　　配匹(배필) : 부부의 짝

어조사 혜	부수 : 八　　　　총 4 획
兮	여덟(八)같이 나누어지듯 나가는 입김이 잠시 멈춤(丂)을 나타내어 말멈추다(兮)를 한 자로, 말 뒤에 쓰는 "어조사"로 쓰임

서로 호:	부수 : 二　　　　총 4 획
互	한(一)개 한 개의 고슴도치머리(丑)에 난 바늘 같은 털이 서로(互)모양이 같다

相互(상호) : 피차가 서로

언덕 구	부수 : 一　　　　총 5 획
丘	양쪽으로 불쑥 솟은 "언덕"의 모양을 본뜬 자

丘里之言(구리지언) : 시골사람들의 말. 상말
丘首(구수) : 호사구수(狐死丘首)
沙丘(사구) : 바람이 휘몰아쳐 이루는 모래 언덕

부르짖을 규	부수 : 口　　　　총 5 획
叫	입(口)으로 넝쿨(丩)엉키듯 말하며 큰 소리로 부르짖다(叫)

叫呼(규호) : 비웃음. 높고 날카로운 소리로 부름
大叫(대:규) : 크게 소리쳐 부르짖음

3급 배정한자

토끼 묘:	부수 : 卩 　　　 총 5 획
卯	병부(卩)와 병부(卩)의 모양이 토끼(卯)귀와 비슷함을 본뜬 자

卯生(묘:생) : 묘년에 난 사람. 토끼 띠
卯時(묘:시) : 오전 5시 전후의 두 시간

천간 무:	부수 : 戈 　　　 총 5 획
戊	흙을 뚫고(丨→丿)나온 창(戈)모양처럼 생긴 싹이 무성하다(戊) 전의되어 "천간"으로 쓰게 됨

戊夜(무:야) : 새벽 3시부터 5시 사이

부를 소	부수 : 口 　　　 총 5 획
召	칼(刀)같이 날카롭게 입(口)으로 소리 내어 부르다(召)

召命(소명) : 신하를 부르는 왕명
召集(소집) : 불러 모음
應召(응:소) : 소지에 응함

가둘 수	부수 : 囗 　　　 총 5 획
囚	에워싸(囗)인 담 안에다 죄지은 사람(人)을 가두다(囚)

囚衣(수의) : 죄수 옷　　　　　　　　　死刑囚(사형수) : 사형의 선고를 받은 죄수
囚人(수인) : 감옥에 갇힌 사람　　　　脫獄囚(탈옥수) : 탈옥한 죄수
罪囚(죄:수) : 옥에 갇힌 죄인

화살 시:	부수 : 矢 　　　 총 5 획
矢	"화살"의 모양을 본뜬 자

矢石(시:석) : 옛날에 전장에서 쓰던 화살과 돌
弓矢(궁시) : 활과 화살　　　　　　　毒矢(독시) : 촉에 독을 바른 화살
竹矢(죽시) : 대나무로 만든 화살　　　火矢(화시) : 촉에 불을 달아 쏘는 화살

기와 와:	부수 : 瓦 　　　 총 5 획
瓦	토기를 구워 만든 "기와"를 본뜬 자

瓦家(와:가) : 기와집　　　　　　瓦工(와:공) : 기와를 굽는 사람
瓦當(와:당) : 기와의 마구리　　　瓦解(와:해) : 기와 깨지듯이 조직이나 계획 등이 깨어져 흩어짐
銅瓦(동와) : 구리로 만든 기와　　青瓦(청와) : 청기와

3급 배정한자

다만 지	부수 : 口 총 5 획
只	입(口)에서 여덟(八)자 같이 나누어 나가는 것이 다만(只)입김이다

只今(지금) : 이제. 시방. 현재
但只(단지) : 다만. 겨우

또 차	부수 : 一 총 5 획
且	멀(冂)리 있는 물건을 한(一)개 한(一)개를 한(一)곳에다 모으기 위해 또(且) 가져오다

且月(차:월) : 음력 6월에 이칭
且千(차:천) : 많은 모양

물리칠 척	부수 : 斤 총 5 획
斥	도끼(斤)같은 무기로 불똥(丶)튀듯 적을 쳐서 물리치다(斥)

斥兵(척병) : 적군의 형편을 몰래 살피는 군사   斥言(척언) : 손가락질 하며 말함
斥邪(척사) : 요사스러움을 물리침
排斥(배척) : 반대하여 물리침

굴 혈	부수 : 穴 총 5 획
穴	집(宀)에 벽이 여덟(八)자처럼 나누어지듯 뚫어진 곳이 구멍(穴)이다

穴居(혈거) : 구멍에서 삶   穴見(혈견) : 구멍으로 봄의 뜻으로, 식견이 좁음을 비유
孔穴(공혈) : 구멍, 사람의 몸의 혈도   虎穴(호혈) : 호랑이 굴
洞穴(동혈) : 깊고 넓은 굴의 구멍

어조사 호	부수 : 丿 총 6 획
乎	삐칠(丿)듯 여덟(八→'')처럼 나누어진 한(一)쪽에 갈고리(亅)를 걸어 있듯이 한문 뒤에 어조사(乎)로 쓴 자

클 홍	부수 : 弓 총 5 획
弘	활(弓)을 쏘기 위해 사사(厶)로이 앞으로 당기니 벌어진 모양이 크다(弘)

弘文(홍문) : 학문을 널리 폄
弘益人間(홍익인간) : 널리 인간을 이롭게 함

3급 배정한자

벼 화	부수: 禾 총 5 획
禾	벼 이삭이 드리워진 모양을 본뜬 "벼"의 뜻을 나타낸 자

禾穀(화곡) : 벼

못할 렬	부수: 力 총 6 획
劣	적을(少)정도의 힘(力)이니 센 힘보다 못하다(劣)

劣等(열등) : 낮은 등급　　　　　　　劣勢(열세) : 세력이 뒤짐
劣惡(열악) : 저열하고 나쁨　　　　　愚劣(우열) : 어리석고 못남
優劣(우열) : 우수하고 열등함

바쁠 망	부수: 心(忄) 총 6 획
忙	마음(忄)으로 망하(亡)지 않을 생각을 하며 일하니 매우 바쁘다(忙)

忙月(망월) : 농사일에 매우 바쁜 달
忙中閑(망중한) : 바쁜 가운데 한가한 짬이 있음
多忙(다망) : 매우 바쁨　　　　　　　奔忙(분망) : 매우 부산하여 바쁨

개 술	부수: 戈 총 6 획
戌	뚫을(ㅣ→ノ)수 있는 창(戈)모양의 한(一)두 개의 이빨을 가진 짐승이 개(戌)다

戌年(술년) : 개해
戌時(술시) : 오후 7시부터 9시 사이

너 여:	부수: 水 총 6 획
汝	물(水)을 길러 올 수 있는 계집(女)은 너(汝)뿐이다

汝等(여:등) : 너희

더러울 오:	부수: 水 총 6 획
汚	물(水)이 흘러 갈(于→亏)수 없이 고여 있으니 썩어 더럽다(汚)

汚吏(오:리) : 청렴하지 못한 관리　　　汚名(오:명) : 더러워진 이름
汚物(오:물) : 더러워진 물건　　　　　汚水(오:수) : 더러워진 물
汚染(오:염) : 더러워짐　　　　　　　汚點(오:점) : 때. 흠. 결점

3급배정한자

깃 우:	부수 : 羽　　총 6 획
羽	새의 날개에서 깃(ㅋㅋ→羽→羽)의 모양을 본뜬 자

毛羽(모우) : 짐승의 털과 날짐승의 깃

말이을 이	부수 : 而　　총 6 획
而	아래턱 수염을 본 떠 수염이 아래로 자라가듯 앞뒤 글 사이에서 "말잇다"로 쓴 자

而今(이금) : 지금에 이르러. 이제 와서
而立(이립) : 30세를 이름
而況(이황) : 하물며. 게다가　　　　　　已而(이이) : 그만두자. 그치자

오랑캐 이	부수 : 大　　총 6 획
夷	큰(大) 활(弓)을 가지고 다니며 나쁜 짓을 하니 오랑캐(夷)다

東夷(동이) : 동쪽의 오랑캐

배 주	부수 : 舟　　총 6 획
舟	작은 "배"의 모양을 본뜬 자

舟橋(주교) : 배다리
一葉舟(일엽주) : 일엽편주
造舟(조:주) : 배를 만듦

버금 중(ː)	부수 : 人　　총 6 획
仲	사람(人→亻) 가운데(中)있으니 버금(仲)이다

仲介(중개) : 두 당사자 사이에서 일을 주선하는 일
仲秋節(중추절) : 추석을 명절로 이르는 말
伯仲(백중) : 맏형과 그 다음

뾰족할 첨	부수 : 小　　총 6 획
尖	작은(小)것이 큰(大)데 붙어 있으니 끝이 뾰족하다(尖)

尖端(첨단) : 물건의 뾰족한 끝
尖兵(첨병) : 적 근처를 행군할 때, 부대 전방에서 경계, 수색을 하는 소부대
尖塔(첨탑) : 끝이 뾰족한 탑

3급 배정한자

맡길 탁	부수 : 手 　　총 6 획
托	손(手→扌)으로 주면서 부탁(乇)하며 맡기다(托)　　　　※ 乇 : 부탁할 탁

托故(탁고) : 사고를 핑계함
托生(탁생) : 의탁하여 삶

토할 토(:)	부수 : 口 　　총 6 획
吐	입(口)을 땅(土)으로 하고 먹은 것을 토하다(吐)

吐露(토로) : 마음에 있는 것을 다 말함
實吐(실토) : 거짓말을 섞지 않고 사실대로 말함

땀 한(:)	부수 : 水 　　총 6 획
汗	물(水→氵)방울이 방패(干)처럼 몸의 더위를 막아주기 위해 나는 것이 땀(汗)이다

汗蒸(한증) : 한증막 속에서 땀을 흘려 병을 고치는 일　　　冷汗(냉:한) : 식은 땀
發汗(발한) : 병을 다스리려고 몸의 땀을 내어 그 기운을 발산시킴
多汗(다한) : 땀을 많이 흘림

돼지 해	부수 : 亠 　　총 6 획
亥	돼지(亥)는 돼지(豕)의 변형 자

亥年(해년) : 태세의 지지가 해로 된 해
亥生(해생) : 해년에 태어남

물리칠 각	부수 : 卩 　　총 7 획
却	갈(去)때 적이 나타나면 병부(卩)를 가진 장수가 물리치다(却)

却下(각하) : 아래로 내림
退却(퇴각) : 물러 감
破却(파각) : 깨뜨림

미칠 광	부수 : 犬 　　총 7 획
狂	개(犬→犭)같은 짓을 임금(王)이 하니 미치다(狂)

狂犬(광견) : 미친 개　　　　　　　　　　狂氣(광기) : 미친 증세
狂亂(광란) : 미친 듯이 날뜀　　　　　　狂言(광인) : 도에 벗어난 말
發狂(발광) : 병으로 미친 증상이 일어남

3급 배정한자

꺼릴 기	부수 : 心　　총 7 획
忌	몸(己)이 좋지 않으니 마음(心)으로 모든 것을 꺼리다(忌)

忌日(기일) : 어버이가 죽은 날. 사람이 죽은 날
忌祭祀(기제사) : 기일에 지내는 제사　　忌避(기피) : 꺼리어 피함
禁忌(금:기) : 꺼리어 피함

어찌 나	부수 : 邑(阝)　　총 7 획
那	칼(刀) 두(二)자루로 한 고을(邑→阝)을 어찌(那)지키란 말인가

那落(나:락) : 범어 Naraka의 음역. 지옥
那邊(나:변) : 어디 있는 곳
那何(나:하) : 어찌. 어떠하냐?

잊을 망	부수 : 心　　총 7 획
忘	망한(亡) 마음(心)이니 모든 것을 잊다(忘)

忘却(망각) : 잊어버림　　　　　　　忘年(망년) : 한해의 괴로움을 잊음
忘失(망실) : 잊음. 남의 잘못을 잊음　　忘憂(망우) : 근심을 잊음
健忘(건:망) : 잘 잊어버림　　　　　　備忘(비:망) : 잊어버리지 않기 위한 대비

면할 면	부수 : 儿　　총 7 획
免	토끼(兎)가 덫에 걸려 점(丶)만한 꽁지만 빠뜨리고 달아나 죽음을 면하다(免)

免稅(면:세) : 과세를 면제하는 일　　　免罪(면:제) : 죄를 용서함
免職(면:직) : 일자리를 그만두고 물러나게 함　　免責(면:책) : 책망이나 책임을 면함
免許(면:허) : 일반인에게는 허용되지 않는 일을 특정한 경우에 허가하는 행정처분

꼬리 미	부수 : 尸　　총 7 획
尾	주검(尸)의 터럭(毛)은 꼬리(尾)끝이다

尾行(미행) : 남의 행동을 감시하기 위해 몰래 뒤를 따라다님
交尾(교미) : 생식을 하기 위해 동물의 자웅이 교차함　　首尾(수미) : 머리와 꼬리
末尾(말미) : 말, 문장, 번호 등의 연속되어 있는 것의 맨 끝　　後尾(후미) : 뒤쪽의 끝

짝 반	부수 : 人(亻)　　총 7 획
伴	여러 사람(人→亻)들이 반(半)으로 나누어 서로 짝(伴)을 짓다

伴送(반:송) : 다른 물건에 붙여서 함께 보냄　　伴隨(반:수) : 따라 감
伴吟(반:음) : 따라 읊조림　　　　　　　　　伴行(반:행) : 길을 같이 감
同伴(동반) : 함께 데리고 감　　　　　　　　相伴(상반) : 서로 짝이 됨. 서로 함께 함

3급 배정한자

나라 방	부수 : 邑(阝) 총 7 획
邦	풀무성(丰)한 것처럼 고을(邑→阝)이 모여 이루어진 것이 나라(邦)다

萬邦(만:방) : 모든 나라 聯邦(연방) : 둘 이상의 국가가 결합하여 한 국가 형성
友邦(우방) : 서로 친교가 있는 나라 異邦(이방) : 이국. 외국
合邦(합방) : 둘 이상의 나라를 병합하여 하나로 합침

닮을 사:	부수 : 人 총 7 획
似	사람(人→亻)이 기계를 써(以)서 만든 물건의 모양이 서로 닮다(似)

似而非(사:이비) : 비슷해 보이지만 실제로는 같지 않음
近似(근:사) : 거의 같음
類似(유사) : 서로 비슷함

매울 신	부수 : 辛 총 7 획
辛	머리부분(亠)이마에다 여덟(八→丷)자 같이 나누듯 방패(干)모양을 만들기 위해 불로 지지니 매울(辛)정도로 아프다

辛苦(신고) : 맵고 씀
辛味(신미) : 매운 맛
辛時(신시) : 24시의 스무째

펼 신:	부수 : 人 총 7 획
伸	사람(人→亻)이 납(申)처럼 이 나무 저 나무로 옮겨 다니는 것처럼 몸을 펴다(伸)

伸張(신:장) : 물체, 세력 따위를 늘려 넓게 펴거나 뻗침
伸縮(신:축) : 늘어남과 줄어듦 屈伸(굴신) : 굽힘과 폄
引伸(인신) : 잡아 늘임. 응용함

나 여	부수 : 人 총 7 획
余	사람(人)들에게 가(于)서 여덟(八)개를 나누어 주는 사람이 나(余)다

余等(여등) : 우리들
余月(여월) : 음력 4월의 별칭

나 오	부수 : 口 총 7 획
吾	다섯(五)손가락을 펴서 입(口)으로 말하며 가리키니 나(吾)다

吾家所立(오가소립) : 자기가 도와주어 입신을 하게 한 사람
吾等(오등) : 우리들
吾子(오자) : 내 아들

3급 배정 한자

닭 유	부수 : 酉　　총 7 획
酉	"술"이 담긴 단지의 모양을 본뜬 자로 지지에서 "닭"으로 전의 된 자

酉方(유방) : 24방위의 하나
酉時(유시) : 하오 5시에서 7시까지

읊을 음	부수 : 口　　총 7 획
吟	입(口)으로 이제(今)막 소리를 길게 내며 시를 읊다(吟)

吟味(음미) : 시가를 읊조리며 그 정취를 맛봄
詩吟(시음) : 시를 읊음

어조사 의	부수 : 矢　　총 7 획
矣	사사(厶)롭게 쏜 화살(矢)이 과녁에 머무르듯, 말 끝날 때 쓰는 어조사(矣)를 나타낸 자

도울 좌:	부수 : 人(亻)　　총 7 획
佐	사람(人→亻)이 왼(左)쪽에서 돕다(佐)

뽑을 초	부수 : 手(扌)　　총 7 획
抄	손(手→扌)으로 필요한 적을(少)정도의 양만 뽑다(抄)

抄錄(초록) : 발췌하여 적음
抄本(초본) : 필요한 것을 뽑아서 적음
抄寫(초사) : 발췌하여 적음　　　　　　抄出(초출) : 빼내어 씀

온당할 타:	부수 : 女　　총 7 획
妥	손톱(爪→爫)을 계집(女)들이 깨끗이 하는 것은 온당하다(妥)

妥結(타:결) : 서로 좋도록 결말을 지음
妥當(타:당) : 사리에 비추어 마땅함
妥協(타:협) : 서로 좋도록 의견을 절충함

3급 배정한자

잡을 파:	부수 : 手(扌)　총 7 획
把	손(手→扌)을 뱀(巴)이 몸을 웅크리고 있는 것처럼 하여 물건을 잡다(把) ※ 巴 : 뱀 파

把守(파:수) : 경계하여 지킴
把持(파:지) : 손에 꼭 쥐고 놓지 않음

조개 패:	부수 : 貝　총 7 획
貝	"조개"의 모양을 본뜬 자

貝物(패:물) : 산호, 호박, 수정, 대모 따위로 만든 물건
貝粉(패:분) : 조개껍질의 가루
貝石(패:석) : 조개의 화석

가물 한:	부수 : 日　총 7 획
旱	날(日)맑아 햇볕이 쨍쨍 내리쬐어 방패(干)처럼 땅이 단단해지며 갈라지니 가뭄(旱)들 때다

旱災(한:재) : 가물로 말미암은 재앙
旱害(한:해) : 가뭄으로 말미암은 재해

형통할 형	부수 : 亠　총 7 획
亨	높은(高→亠)학문까지 배우고 마치(了)니 만사가 형통하다(亨)

亨通(형통) : 모든 일이 뜻과 같이 잘됨

어깨 견	부수 : 肉(月)　총 8 획
肩	지게(戶)를 몸(肉→月)에 걸칠 수 있는 부분이 어깨(肩)다

肩章(견장) : 제복 어깨에 붙여서 계급 따위를 나타내는 표지
雙肩(쌍견) : 양쪽 어깨
兩肩(양견) : 두 어깨

별 경	부수 : 广　총 8 획
庚	집(广)을 손(彐)으로 사람(人)이 잘 고치니 별(庚)이 안 보이다

庚方(경방) : 24시의 방위의 하나
庚時(경시) : 하오 4시 반부터 5시 반 사이

3급 배정한자

땅 곤	부수 : 土 총 8 획
坤	흙(土)이 납[원숭이](申)처럼 이리저리 뛰어 다닐 수 있게 펼쳐져 있으니 땅(坤)이다

坤方(곤방) : 서남쪽

개 구	부수 : 犬(犭) 총 8 획
狗	개(犬→犭)가 글귀(句)읽는 것처럼 마구 짖어대니 역시 개(狗)다

狗盜(구도) : 좀도둑
狗頭生角(구두생각) : 개 대가리에 뿔이 남. 있을 수 없는 일에 비유
狗黃(구황) : 개의 쓸개주머니의 담긴 담석   海狗(해:구) : 물개

얽힐 규	부수 : 糸 총 8 획
糾	실(糸)이 넝쿨(丩)모양을 하고 있으니 서로 얽히다(糾)

糾結(규결) : 서로 얽힘   糾明(규명) : 죄과를 조사하여 사실을 밝힘
糾彈(규탄) : 죄상을 조사하여 탄핵함   糾合(규합) : 흩어진 사람을 한데 모음
紛糾(분규) : 뒤얽혀서 말썽이 많고 시끄러움

즐길 긍:	부수 : 肉(月) 총 8 획
肯	그칠(止)줄 모르고 고기(肉→月)먹는 것을 즐기다(肯)

肯定(긍:정) : 그러하다고 인정함
首肯(수긍) : 그러하다고 고개를 끄덕임

어찌 내	부수 : 大 총 8 획
奈	큰(大)마음을 내 보일(示) 수 없으니 어찌(奈)하면 될까?

진흙 니	부수 : 水 총 8 획
泥	물(水→氵)이 고여 주검(尸)의 흙을 비수(匕)같은 도구로 파보니 진흙(泥)이다

泥土(이토) : 진흙
泥工(이공) : 미장이

3급 배정 한자

없을 망	부수 : 网　　총 8 획
罔	그물(罒)로 망할(亡)정도로 잡으니 어장에 물고기가 없다(罔)

罔極(망극) : 끝이 없음

배댈 박	부수 : 水　　총 8 획
泊	물(水→氵)을 흰(白)색의 물결을 가르고 가다 멈추면서 배대다(泊)

宿泊(숙박) : 여관이나 어떤 곳에 머물러 묵음

돌이킬 반	부수 : 辵(辶) 총 8 획
返	돌아올(反)듯한 생각을 쉬엄쉬엄가(辵→辶)며 지난 일을 돌이키다(返)

返納(반:납) : 도로 돌려 바침
返送(반:송) : 되돌려 보냄
返品(반:품) : 물품을 되돌림

뽑을 발	부수 : 手　　총 8 획
拔	손(手→扌)으로 개(犬)털을 삐칠(丿)듯 뽑다(拔)

拔群(발군) : 여럿 가운데서 특별히 뛰어남　　拔本(발본) : 뿌리를 뽑음
選拔(선:발) : 많은 속에서 뽑음　　　　　　卓拔(탁발) : 특별히 뛰어남
擇拔(택발) : 많은 가운데서 뽑아냄

꽃다울 방	부수 : 艸　　총 8 획
芳	풀(++)이 모(方)진 사방으로 자라가니 모양이 꽃답다(芳)

芳年(방년) : 좋은 세월. 여자의 한창 젊은 나이
芳名錄(방명록) : 특별히 기념하기 위하여 여러 사람의 이름을 적은 책
芳草(방초) : 향기로운 풀　　　　　　　芳春(방춘) : 꽃이 한창인 봄

잔 배	부수 : 木　　총 8 획
杯	나무(木)는 아니(不)나 쇠나 유리로 만든 작은 그릇이 잔(杯)이다

乾杯(건배) : 축배　　　　　　　　苦杯(고배) : 쓴 술잔
金杯(금배) : 금으로 만든 잔　　　　玉杯(옥배) : 옥으로 만든 잔
銀杯(은배) : 은으로 만든 잔　　　　祝杯(축배) : 축하하는 뜻으로 드는 술잔

3급 배정한자

떨칠 불	부수 : 手　　　총 8 획
拂	손(手→扌)으로 쓰지 아니(弗)할 것을 떨치다(拂)

拂入(불입) : 치를 돈을 치름
支拂(지불) : 값을 내어 줌

벗 붕	부수 : 月　　　총 8 획
朋	달(月)이 뜬 달(月)밤에 서로 볼 수 있으니 벗(朋)이다

朋黨(붕당) : 이해나 주의를 같이 하는 사람들이 맺은 단체
朋徒(붕도) : 한패. 한동아리
朋友有信(붕우유신) : 벗 사이에는 믿음이 있어야 함

예 석	부수 : 日　　　총 8 획
昔	스물(卄) 한(一) 날(日)이 지나니 예(昔)이다 ※ 卄 : 스물 입

昔人(석인) : 옛사람
昔日(석일) : 옛날
昔者(석자) : 이전. 어제

쪼갤 석	부수 : 木　　　총 8 획
析	나무(木)를 도끼 날(斤)로 쓸 수 있도록 쪼개다(析)

分析(분석) : 어떤 사물을 분해하여 가름
解析(해:석) : 사물을 자세하게 풀어서 이론적으로 연구함

드리울 수	부수 : 土　　　총 8 획
垂	삐칠(丿)듯이 한(一)줄기의 풀(卄→卄)이 흙(土)쪽으로 드리우다(垂)

垂範(수범) : 모범을 보임　　　　垂楊(수양) : 버드나무의 일종
垂直(수직) : 직선과 직선이 닿아 직각을 이룬 상태
垂訓(수훈) : 후세에 전하는 교훈　　懸垂幕(현수막) : 선전문등을 적어 드리운 막

싹 아	부수 : 艸　　　총 8 획
芽	씨앗에서 풀(艸→卄)모양이 어금니(牙)처럼 불쑥 돋아나온 것이 싹(芽)이다

綠芽(녹아) : 푸른 싹
發芽(발아) : 씨앗에서 싹이남
新芽(신아) : 새싹

3급 배정한자

큰산 악	부수 : 山　　　총 8 획
岳	언덕(丘)진 곳이 많은 뫼(山)가 큰산(岳)이다

山岳(산악) : 지구 표면의 현저히 융기한 부분

누를 압	부수 : 手　　　총 8 획
押	손(手→扌)으로 갑옷(甲)이 딱딱한지를 누르다(押)

押署(압서) : 도장을 찍고 이름을 씀　　　　押留(압류) : 형사 소송법상 압수의 일종
押送(압송) : 죄인을 잡아 보냄　　　　　　押收(압수) : 관리가 직권으로 인민의 재산을 몰수함
押韻(압운) : 같은 문자를 써서 시를 지음　　押印(압인) : 도장 따위를 누름

어조사 어	부수 : 方　　　총 8 획
於	모(方)지게 사람(人)을 둘(二→冫)씩 인연 맺어 주듯 글과 글을 연결시켜 주니 어조사(於)다

於中間(어중간) : 거의 중간이 되는 곳
於此彼(어차피) : 이러거나 저러거나
甚至於(심지어) : 심하면. 심하게는

불꽃 염	부수 : 火　　　총 8 획
炎	불(火)과 불(火)이 살아 움직이는 것처럼 보이니 불꽃(炎)이다

炎症(염증) : 신체의 한 부위에 세균이나 독소가 침입하여 열이 나고 아픈 증세
炎天(염천) : 여름의 더운 하늘
火炎(화염) : 불이 탐

헤엄칠 영	부수 : 水　　　총 8 획
泳	물(水→氵)에서 길(永)게 가니 헤엄치다(泳)

水泳(수영) : 헤엄

누울 와:	부수 : 臣　　　총 8 획
臥	신하(臣)앞에서 사람(人)들이 허리 굽히듯 다리를 구부리며 눕다(臥)

臥龍(와:룡) : 엎드려 있는 용
臥病(와:병) : 병으로 누움

3급 배정한자

울 읍	부수 : 水　　총 8 획
泣	물(水→氵)방울 같은 눈물을 서(立)서 흘리며 울다(泣)

感泣(감읍) : 감격하여 욺
悲泣(비읍) : 슬피 욺
哀泣(애읍) : 슬프게 욺

마땅할 의	부수 : 宀　　총 8 획
宜	집(宀)에서 또(且)한 예를 가르치는 곳은 마땅하다(宜)

宜當(의당) : 마땅히
便宜(편의) : 편리하고 마땅함

찌를 자	부수 : 刀(刂)　총 8 획
刺	가시(朿)같은 뾰족한 칼(刀→刂)끝으로 찌르다(刺)　　　　　　　　※ 朿 : 가시 자

刺客(자:객) : 사람을 몰래 찔러 죽이는 사람
刺殺(자:살) : 칼 따위로 찔러 죽임
刺傷(자:상) : 칼 따위로 찔러서 상처를 입힘

졸할 졸	부수 : 手　　총 8 획
拙	손(手→扌)이 쓸데없이 날(出)고 드니 사람이 졸하다(拙)

拙劣(졸렬) : 서투르고 옹졸함　　　　　　　拙文(졸문) : 졸렬한 글
拙作(졸작) : 졸렬한 작품　　　　　　　　　拙將(졸장) : 능력이 모자라는 대장
拙丈夫(졸장부) : 용렬한 사나이　　　　　　拙筆(졸필) : 졸렬한 글씨

가지 지	부수 : 木　　총 8 획
枝	나무(木)를 지탱(支)하는 것이 가지(枝)다

枝葉(지엽) : 가지와 잎. 사물이 중요하지 않은 부분
幹枝(간지) : 줄기와 가지
竹枝(죽지) : 대나무 가지

첩 첩	부수 : 女　　총 8 획
妾	늘 서(立)서 손님을 대접하는 계집(女)이 첩(妾)이다

妾室(첩실) : 남의 첩을 모나지 않게 이르는 말　　　侍妾(시첩) : 귀인 시중을 드는 첩
愛妾(애:첩) : 사랑하는 첩　　　　　　　　　　　　妻妾(처첩) : 아내와 첩
賤妾(천:첩) : 종이나 느는 계집으로서 남이 첩이 된 여자

3급 배정한자

뽑을 추	부수 : 手 총 8 획
抽	손(手→扌)으로 말미암을(由)쓸 수 있는 것을 차례로 뽑다(抽)

抽象(추상) : 구체적인 사물이나 관념에서 일반적으로 공통 된 속성을 추려내어 종합하는 일
抽出(추출) : 뽑아냄. 빼냄

베개 침:	부수 : 木 총 8 획
枕	나무(木)로 만들어 머리로 덮고(冖) 사람(人→儿)이 누울 때 쓰는 것이 베개(枕)다

枕頭(침:두) : 베갯머리   枕木(침:목) : 철도의 선로 위에 까는 나무토막
枕上(침:상) : 머리맡. 베개 위   枕席(침:석) : 베개와 자리. 잠자리
木枕(목침) : 나무토막으로 만든 베개

안을 포:	부수 : 手 총 8 획
抱	양 손(手→扌)으로 싸(包)듯 안다(抱)

抱負(포:부) : 품고 있는 계획이나 의지
懷抱(회포) : 마음속에 품은 생각

누릴 향:	부수 : 亠 총 8 획
享	높은(高→亠)자리에 아들(子)이 오르니 부모님이 복을 누리다(享)

享樂(향:락) : 즐거움을 누림
享有(향:유) : 태어날 때부터 몸에 받아서 지님
享春客(향:춘객) : 봄을 즐겁게 누리는 사람

어두울 혼	부수 : 日 총 8 획
昏	성씨(氏)에서 항렬이 아래로 내려가듯 해가 점점 내려가니 날(日)이 어둡다(昏)

昏絶(혼절) : 정신이 혼혼하여 까무러침
黃昏(황혼) : 해가 지고 어둑어둑 할 때

시렁 가:	부수 : 木 총 9 획
架	더하(加)듯 나무(木)를 벽에 붙여 물건을 얹게 만든 것이 시렁(架)이다

架空(가:공) : 공중에 가로 건너지름   架橋(가:교) : 다리를 놓음
書架(서가) : 책을 얹어 두는 시렁
十字架(십자가) : 옛날 서양에서 죄인을 처형하던 십자형의 형틀

3급 배정한자

간음할 간:	부수 : 女 총 9 획
姦	한 남자가 계집(女)과 계집(女)그리고 계집(女)을 셋이나 범하여 간음하다(姦)

姦夫(간부) : 간음한 사내 　　　　姦婦(간부) : 간통한 여자
姦通(간통) : 배우자 이외의 이성과 성적 교접을 하는 일
强姦(강:간) : 폭행 협박 따위의 수단을 써서 부녀를 간음 함

다 개	부수 : 白 총 9 획
皆	견줄(比)수 있는 흰(白)것을 다(皆) 한곳에 모으다

皆勤(개근) : 일정한 기간 동안 휴일 이외는 하루도 빠짐없이 출석 또는 출근 함
擧皆(거:개) : 거의 모두. 대부분

북방 계:	부수 : 癶 총 9 획
癸	삶과 어그러지(癶)듯 죽어, 혼이 하늘(天)로 오르니 몸이 북방(癸)과 같이 차다

癸方(계:방) : 24방위의 하나
庚癸(경계) : 경일과 계일

마를 고	부수 : 木 총 9 획
枯	나무(木)가 예(古)날 것이니 물기가 모두 마르다(枯)

枯骨(고골) : 죽은 사람의 썩은 뼈
枯死(고사) : 말라죽음
枯葉(고엽) : 마른 잎. 시든 잎

들 교	부수 : 邑(阝) 총 9 획
郊	사귈(交)수 있는 사람과 고을(邑→阝)을 벗어나니 들(郊)이다

郊外(교외) : 도회지와 인접한 지대
近郊(근:교) : 도시의 변두리 밖에 있는 마을이나 산야

구차할 구	부수 : 艸(++) 총 9 획
苟	풀(++)과 나무가 우거진 곳에 묻혀 글귀(句)만 읽으니 생활이 구차하다(苟)

苟且(구차) : 몹시 가난하고도 군색함

3급 배정한자

바퀴자국 궤:	부수 : 車 총 9 획
軌	수레(車)가 아홉(九)자 모양을 내며 가니 바퀴자국(軌)이다

軌道(궤:도) : 기차·전차 등이 다니는 길. 레일   軌範(궤범) : 법도·본보기
軌跡(궤:적) : 수레바퀴자국
軌條(궤:조) : 궤도에 깐 철도

논 답	부수 : 田 총 9 획
畓	물(水)이 밭(田)에 고여 있으니 논(畓)이다

乾畓(건답) : 물이 마르기 쉬운 논   水畓(수답) : 골 답. 무 논
田畓(전답) : 논과 밭
天水畓(천수답) : 비가 와야만 모를 심게 된 논

돋울 도	부수 : 手(扌) 총 9 획
挑	손(手→扌)으로 억조(兆)의 숫자만큼 쌓아 돋우다(挑)

挑發(도발) : 싸움을 걺
挑戰(도전) : 싸움을 걺

업신여길 모:	부수 : 人 총 9 획
侮	사람(人→亻)이 어질고 착한 사람을 매양(每)바보처럼 업신여기다(侮)

侮慢(모:만) : 남을 업신여기고 제 스스로만 높은 체함
侮言(모:언) : 업신여기는 말   侮辱(모:욕) : 깔보고 욕보임
受侮(수모) : 남에게 모욕을 당함

아무 모:	부수 : 木 총 9 획
某	달(甘)콤한 나무(木)열매인지는 따먹어 보기 전에는 아무(某)도 모르다

某年(모:년) : 어느 해   某某(모:모) : 아무아무. 누구누구
某時(모:시) : 아무시간. 아무 때   某月(모:월) : 아무 달
某處(모:처) : 아무 곳. 아무데

모 묘:	부수 : 艹 총 9 획
苗	풀(艹)싹 같은 것을 밭(田)에다 기르니 모(苗)다

苗木(묘:목) : 나무 모종
苗板(묘:판) : 못자리
種苗(종묘) : 씨앗과 모종

3급 배정 한자

눈썹 미	부수 : 目　　총 9 획
眉	털(毛→尸)이 눈(目)위에 반달처럼 난 것이 눈썹(眉)이다

眉間(미간) : 두 눈썹 사이
白眉(백미) : 여럿 중에 가장 뛰어난 사람이나 물건
兩眉(양:미) : 두 눈썹

배반할 반	부수 : 又　　총 9 획
叛	반(半)쯤 에서 돌이킬(反)수 없는 행동을 하여 배반하다(叛)

叛軍(반:군) : 배반한 군사.　　　叛旗(반:기) : 반란을 일으킨 표시로 드는 기치
叛奴(반:노) : 자기 상전을 배반한 종　叛徒(반:도) : 반란을 꾀하였거나 반란을 일으킨 무리
叛亂(반:란) : 모반하여 난리를 일으킴　背叛(배 반) : 믿음과 의리를 저버리고 돌아섬

갈 부	부수 : 走　　총 9 획
赴	달리(走)듯 남보다 점(卜)보러 빨리 가다(赴)

赴告(부:고) : 달려가서 알림
赴任(부:임) : 임지로 감

깎을 삭	부수 : 刀　　총 9 획
削	모양을 닮을(肖)정도로 만들기 위해 칼(刀→刂)로 깎다(削)

削減(삭감) : 깎아서 줄임
削除(삭제) : 지워 버림

밝을 소	부수 : 日　　총 9 획
昭	날(日)이 소리 지르듯 부르(召)는 것처럼 햇살이 사방으로 비치니 밝다(昭)

昭詳(소상) : 분명하고 자세함
明昭(명소) : 명백하게 나타내 보임

재앙 앙	부수 : 歹(歺)　총 9 획
殃	살발린뼈(歹)처럼 죽음이 삶 가운데(央)오니 재앙(殃)이다

災殃(재앙) : 천변지이(天變地異)로 말미암은 불행한 사고
天殃(천앙) : 하늘에서 내리는 앙화
禍殃(화앙) : 불행한 사고

3급 배정한자

어조사 야:	부수 : 耳　　　총 9 획
耶	귀(耳)로 고을(邑→阝)의 이상한 소리를 그런가(耶)하며 듣듯, 글에서 "어조사"로 씀

耶蘇(야:소) : 라틴의 jesus의 음력. 그리스도. 예수

전염병 역	부수 : 疒　　　총 9 획
疫	병들어기댈(疒)듯 창(殳)에 찔려 아픔이 점점 퍼지듯 옮겨지는 병이 전염병(疫)이다

疫病(역병) : 전염병
疫神(역신) : 천연두. 마마를 맡는다는 신

두려워할 외:	부수 : 田　　　총 9 획
畏	밭(田)에서 한(一)개의 갈고리(亅→乚)같은 연장으로 사람(人→卜)이 일할 때 옷에 흙 물을까 두려워하다(畏)

밥통 위	부수 : 肉(月)　　　총 9 획
胃	밭(田)같은 역할을 몸(肉→月)에서 하는 것이 밥통(胃)이다

胃液(위액) : 위에서 분비되는 소화액
胃炎(위염) : 위에 생긴 염증
胃腸(위장) : 밥통과 창자

혼인 인	부수 : 女　　　총 9 획
姻	계집(女)이 남자와 인할(因)때 혼인(姻)하다

姻戚(인척) : 외가와 처가에 딸린 겨레붙이
婚姻(혼인) : 결혼

어조사 재	부수 : 口　　　총 9 획
哉	흙(土)을 입(口)모양처럼 창(戈)같은 삽으로 파서 쌓듯이 글에서 어조사(哉)로 씀

哀哉(애재) : '슬프도다'의 뜻
快哉(쾌재) : 마음먹은 대로 잘 되어 만족스럽게 여김

3급 배정 한자

바로잡을 정:	부수 : 言　　　총 9 획
訂	윗사람이 말씀(言)을 하여 장정(丁)의 잘못을 바로잡다(訂)

訂正(정:정) : 바로잡음　　　　　　　　改訂(개:정) : 고쳐 정정함
校訂(교:정) : 출판물의 잘못된 글자·글귀를 바르게 고침
增訂(증정) : 책 따위에서 모자라는 것은 보태고 잘못된 것을 고침

아뢸 주(:)	부수 : 大　　　총 9 획
奏	두(二)번 씩이나 큰(大)소리 내지 못하여 굴할(天)정도로 몸을 굽히고 아뢰다(奏) ※ 天 : 굴할 요

奏上(주상) : 천자에게 아룀　　　　　奏書(주서) : 천자에게 상주하는 문서
奏疏(주소) : 상소문　　　　　　　　　奏樂(주악) : 풍류를 아룀
奏請(주청) : 상주하여 청원함　　　　獨奏(독주) : 한 사람이 주체가 되어 기악을 연주함

준걸 준:	부수 : 人　　　총 9 획
俊	사람(人→亻)이 사사(厶)하지 않고 어진사람(儿)처럼 뒤져올(夊)듯 하면서 모든 일을 해내니 준걸(俊)하다

俊傑(준:걸) : 재주나 역량이 뛰어난 사람　　俊秀(준:수) : 재주나 슬기, 풍채 등이 빼어남
俊才(준:재) : 뛰어난 재능　　　　　　　　　賢俊(현준) : 현명하고 준걸함
豪俊(호준) : 재덕이 뛰어난 사람

조카 질	부수 : 女　　　총 9 획
姪	계집(女)이 형이나 아우에게 시집이 와 자식을 나면 나와 이를(至)수 있는 촌수가 조카(姪)다

姪女(질녀) : 형제의 딸　　　　　　　　姪婦(질부) : 조카며느리
姪孫(질손) : 형제의 손자　　　　　　　姪行(질항) : 조카뻘
堂姪(당질) : "종질"을 친근하게 일컫는 말　叔姪(숙질) : 아저씨와 조카

분초 초	부수 : 禾　　　총 9 획
秒	벼(禾)잎이 말라 모양이 적을(少)정도로 오그라든 것이 까끄라기(秒)다 전의하여 "분초"로 씀

分秒(분초) : 시계의 분과 초

게으를 태	부수 : 心　　　총 9 획
怠	사사(厶)하지 않은 척 입(口)으로 말하는 사람의 마음(心)은 게으르다(怠)

怠業(태업) : 일을 게을리 함. 노동쟁의 수단의 하나

3급 배정한자

다 함	부수 : 口　　총 9 획
咸	천간(戊)을 한(一)개부터 입(口)으로 모두 다(咸)말하다

咸興差使(함흥차사) : 심부름 간 사람이 소식이 없거나 회답이 더딤의 비유

거리 항:	부수 : 己　　총 9 획
巷	한가지(共)로 뱀(巳)이 가는 모양처럼 생긴 것이 거리(巷)다

巷間(항:간) : 보통 민중들 사이
巷說(항:설) : 거리에 떠도는 소문
巷戰(항:전) : 시가지에서 하는 전투

제후 후	부수 : 人　　총 9 획
侯	사람(人→亻)이 한(一→ㄱ)개 한(一)개 화살(矢)을 과녁에다 잘 쏘는 사람이 제후(侯)다

君侯(군후) : '제후'의 존칭
諸侯(제후) : 봉건시대에 영토를 가지고 그 영내의 백성을 다스리던 사람

지름길 경	부수 : 彳　　총 10 획
徑	자축거리(彳)듯이 한(一)곳으로 내(巛)를 건너게 장인(工)이 물건 만들 듯 길을 내니 지름길(徑)이다

半徑(반:경) : '반지름'의 구 용어　　　絶徑(절경) : 앞이 막힌 좁은 길
直徑(직경) : '지름'의 구 용어
側徑(측경) : 옆길. 갈림길

계수나무 계:	부수 : 木　　총 10 획
桂	나무(木)가 땅(土)과 흙(土)에 있지 않고 달에 있다고 생각하는 나무가 계수나무(桂)다

桂皮(계:피) : 계수나무의 껍질
月桂(월계) : 녹나무의 상록 교목

함께 구	부수 : 人(亻)　　총 10 획
俱	사람(人→亻)이 됨됨이를 갖출(具)때 서로 함께(俱)한다

俱存(구존) : 부모가 모두 살아 계심

3급 배정한자

어찌 기	부수 : 豆 총 10 획
豈	메(山)모양처럼 콩(豆)을 어찌(豈)쌓으랴?

넘어질 도	부수 : 人 총 10 획
倒	사람(人→亻)의 몸이 돌부리에 걸려 땅에 이룰(到)때 넘어지다(倒)

倒産(도:산) : 파산함   倒置(도:치) : 거꾸로 함
壓倒(압도) : 눌러서 넘어뜨림   絶倒(절도) : 포복절도   打倒(타도) : 때리어 거꾸러뜨림
卒倒(졸도) : 뇌졸중이나 뇌빈혈 따위로 인하여 갑자기 정신을 잃고 쓰러짐

복숭아 도	부수 : 木 총 10 획
桃	나무(木)에 억조(兆)의 숫자처럼 열리는 열매가 복숭아(桃)다

桃李(도리) : 복숭아나무와 오얏 나무   桃源(도원) : 선경. 별천지
桃園結義(도원결의) : 의형제를 맺는 일을 이름   桃花(도화) : 복숭아 꽃
天桃(천도) : 선가에서 하늘에 있다고 하는 복숭아   胡桃(호도) : 호두

얼 동	부수 : 氵 총 10 획
凍	얼음(氵)은 동녘(東)에서 해가 뜨기 전 밤에 얼다(凍)

凍結(동:결) : 얼어붙음   凍死(동:사) : 얼어 죽음
凍傷(동:상) : 얼어서 살갗이 상함   凍太(동:태) : 얼린 명태
凍土(동:토) : 얼어붙은 땅. 언 땅   冷凍(냉:동) : 냉각 시켜 얼림

아득할 망	부수 : ⺾ 총 10 획
茫	풀(⺾)도 물(水→氵)도 죽어 망하(亡)니 살길이 아득하다(茫)

茫漠(망막) : 넓고 멀어 아득한 모양   茫茫(망망) : 광대한 모양
茫茫大海(망망대해) : 끝없이 넓고 큰 바다   茫然(망연) : 넓고 멀어서 아득한 모양
茫然自失(망연자실) : 멍하니 정신이 나간 모양

묻을 매	부수 : 土 총 10 획
埋	흙(土)으로 마을(里) 가까운 곳에 죽은 사람을 묻다(埋)

埋立(매립) : 우묵한 땅을 메움   埋沒(매몰) : 파묻혀 보이지 않음
埋伏(매복) : 숨어서 기다림   埋葬(매장) : 시체를 땅에 묻음
埋藏(매장) : 묻어서 감춤   暗埋(암:매) : 파묻혀 까맣게 됨

3급 배정한자

어두울 명	부수 : 冖	총 10 획
冥	물건을 덮어(冖)안 보이는 것처럼 날(日)이 깜깜해져 여섯(六)치 앞도 안 보이니 어둡다(冥)	

冥冥(명명) : 어두운 모양
冥福(명복) : 죽은 뒤에 행복
冥婚(명혼) : 죽은 남녀를 결혼시킴
冥伯(명백) : 죽은 사람
冥想(명상) : 고요한 가운데 눈을 감고 생각함
混冥(혼명) : 어둡고 분명하지 않음

미혹할 미(:)	부수 : 辵(辶)	총 10 획
迷	쌀(米)을 구하러 쉬엄쉬엄가(辵→辶)며 이리저리 헤매니 미혹하다(迷)	

迷宮(미:궁) : 사건 따위가 쉽게 해결 될 수 없게 되는 일
迷信(미:신) : 허망한 것을 믿음
迷惑(미혹) : 마음이 흐려서 무엇에 홀림
迷路(미:로) : 헷갈리기 쉬운 길
迷兒(미:아) : 길을 잃은 아이
昏迷(혼미) : 마음이 어두워 흐리멍덩함

본뜰 방:	부수 : 人	총 10 획
倣	사람(人→亻)이 이미 만들어 놓은(放)것을 다른 사람이 비슷하게 본뜨다(倣)	

模倣(모방) : 본떠서 함. 흉내를 냄

나란히 병:	부수 : 立	총 10 획
竝	사람이 옆으로 서(立)고 서(立)니 나란히(竝)다	

竝立(병:립) : 나란히 섬
竝用(병:용) : 아울러 같이 씀
竝行(병:행) : 나란히 함께함
竝設(병:설) : 아울러 갖추거나 세움
竝唱(병:창) : 국악에서 악기를 타면서 노래를 부름

초하루 삭	부수 : 月	총 10 획
朔	방패(干→屰)모양과 풀 싹난(屮)것처럼 생긴 달(月)의 모양을 보니 초하루(朔)다	

朔望(삭망) : 음력 초하루와 보름
朔風(삭풍) : 북풍. 북새

뽕나무 상	부수 : 木	총 10 획
桑	또(又), 또(又), 또(又)손이 나무(木)로 가 잎을 따다 누에를 기르니 뽕나무(桑)다	

桑田碧海(상전벽해) : 뽕나무밭이 푸른 바다로 바뀜의 뜻으로, 몰라보게 변함

3급 배정한자

건널 섭	부수 : 水　　총 10 획
涉	물(水→氵)을 한 걸음 한 걸음(步) 내디디며 건너다(涉)

交涉(교섭) : 어떤 일을 이루기 위하여 서로 의논함

따라죽을 순	부수 : 歹(歺)　　총 10 획
殉	죽은 님을 그리워하다 살발린뼈(歺→歹)처럼 마르며 열흘(旬)만에 따라죽다(殉)

殉敎(순교) : 신앙하는 종교를 위하여 목숨을 바침　　殉國(순국) : 나라를 위하여 목숨을 바침
殉死(순사) : 나라를 위하여 목숨을 바침　殉葬(순장) : 죽은 사람을 따라 그 무덤에 함께 묻히거나 묻음
殉節(순절) : 신하로서 충절을 지켜 죽음　　殉職(순직) : 직무를 수행하다가 목숨을 잃음

즐길 오:	부수 : 女　　총 10 획
娛	계집(女)이 입(口)을 한(一→ㄴ)번 클(大)정도로 벌리고 소리 지르며 놀이를 즐기다(娛)

娛樂(오:락) : 놀이를 즐김
娛樂室(오:락실) : 오락을 위해 필요한 기구·시설을 갖추어 놓은 방

늙은이 옹	부수 : 羽　　총 10 획
翁	공평하(公)게 말씀하시며 깃(羽)털처럼 흰 수염이 있으니 늙은이(翁)다

翁主(옹주) : 임금의 서녀(庶女)
老翁(노:옹) : 늙은 남자
村翁(촌:옹) : 촌에서 사는 늙은이

이 자	부수 : 玄　　총 10 획
玆	검을(玄) 검을(玄)한 물체 이(玆)것을 가리키는 자

今玆(금자) : 금년. 이에. 이때에
來玆(내자) : 내년

방자할 자:	부수 : 心　　총 10 획
恣	착한 마음 버금(次)가는 마음(心)이니 방자하다(恣)

恣意(자:의) : 제 뜻대로 함
恣行(자:행) : 제멋대로 행함
放恣(방:자) : 꺼리거나 삼가는 태도가 없이 교만스러움

3급 배정한자

술부을 작	부수 : 酉　　　총 10 획
酌	술(酉)담은 항아리를 잘 싸(勹)두었다 뚜껑을 열고 한(一→丶)그릇 퍼서 다른 그릇에 술부다(酌)

酌定(작정) : 알맞게 정함　　　　　　　對酌(대:작) : 마주 대하여 술을 마심
參酌(참작) : 이리저리 비교해서 알맞게 헤아림
淸酌(청작) : 깨끗한 술

재상 재	부수 : 宀　　　총 10 획
宰	대궐인 집(宀)안에서 죄인을 매울(辛)정도로 다룰 수 있으니 재상(宰)이다

宰相(재:상) : 제왕을 도와 정무를 총리하는 대신
主宰(주재) : 책임지고 맡아 처리함

조세 조	부수 : 禾　　　총 10 획
租	벼(禾)와 또(且) 다른 곡식으로 조세(租)를 내다

租稅(조세) : 국가나 지방자치단체가 그 필요한 경비를 쓰기 위해 국민으로부터 강제로 징수하는 수입
田租(전조) : 전지의 조세

그루 주	부수 : 木　　　총 10 획
株	나무(木)가 붉은(朱)색을 띠고 있으니 한 그루(株)다

株價(주가) : 주식의 가격　　株券(주권) : 회사의 주식을 소유하고 있음을 증명하는 유가증권
株式(주식) : 주식회사의 총자본을 주의 수에 따라 나눈, 자본의 단위
株主(주주) : 주식을 가진 사람　　新株(신주) : 주식회사가 증자하기 위해 새로 발행한 주식

구슬 주	부수 : 玉(王)　　　총 10 획
珠	구슬(玉→王)중에서 붉은(朱) 구슬(珠)이 최고다

珠算(주산) : 주판으로 하는 셈
珠玉(주옥) : 구슬과 옥
珍珠(진주) : 패류의 체내에 형성되는 구슬 모양의 분비물의 덩이

빌릴 차:	부수 : 人　　　총 10 획
借	사람(人→亻)들이 예(昔)부터 남의 농기구를 쓰기 위해 빌리다(借)

借金(차:금) : 돈을 빎　　　　　　借力(차:력) : 신령의 힘을 빌려 몸과 기운을 굳세게 함
借用(차:용) : 물건·돈 따위를 빌려 씀　　假借(가차) : 임시로 빌림
租借(조차) : 가옥 또는 토지를 빎　　　　租借地(조차지) : 조차한 땅

3급 배정한자

잡을 착	부수 : 手　　　총 10 획
捉	손(手→扌)으로 발(足)목을 잡다(捉)

짐승 축	부수 : 田　　　총 10 획
畜	검을(玄)정도로 푸른 풀 밭(田)에 가축들은 모두 짐승(畜)이다

畜類(축류) : 가축의 종류. 집에서 기르는 짐승　　畜舍(축사) : 가축을 기르는 건물
畜産(축산) : 집에서 기르는 소·말·돼지 따위　　家畜(가축) : 집에서 사육하는 짐승
牧畜(목축) : 소·말·양·돼지 등 가축을 다량으로 기름

냄새 취:	부수 : 自　　　총 10 획
臭	스스로(自) 개(犬)는 냄새(臭)를 잘 맡다

臭氣(취:기) : 고약한 냄새
惡臭(악취) : 나쁜 냄새

잠길 침:	부수 : 水　　　총 10 획
浸	물(水→氵)에 돼지머리(⺕)를 넣고 덮을(冖)정도의 물을 또(又)넣으니 잠기다(沈)

浸水(침수) : 홍수로 논·밭·가옥 등이 물에 잠김
浸染(침염) : 차츰차츰 물듦

잡을 포:	부수 : 手　　　총 10 획
捕	손(手→扌)으로 한(一)개의 쓸(用)수 있는 점(丶)만한 물체를 잡다(捕)

捕校(포:교) : 조선 때 포도부장의 이칭　　捕盜(포:도) : 도둑을 잡음
捕卒(포:졸) : 조선 때 포도청에 군졸　　　捕捉(포:착) : 붙잡음. 요점이나 요령을 얻음
生捕(생포) : 산채로 잡음

어찌 해	부수 : 大　　　총 10 획
奚	손톱(爪→爫)끝으로 작고(幺) 큰(大)것 고르는 일을 어찌(奚)못하랴?

3급 배정한자

집 헌	부수 : 車　　총 10 획
軒	수레(車)에 사방을 방패(干)처럼 막아 사람이 타게 만들어 놓은 집(軒)모양을 뜻한 자

東軒(동헌) : 고을 원이나 감사·병사·수사 등이 공사를 처리하던 대청이나 집

거칠 황	부수 : 艸(艹)　　총 10 획
荒	풀(艹)도 죽어 망할(亡)수 있고 내(川→巛)도 흐르지 않으니 땅이 거칠다(荒)

荒唐(황당) : 언행이 근거가 없고 엉터리임　　荒凉(황량) : 황폐하여 쓸쓸함
荒亡(황망) : 주색 것에 빠짐　　荒城(황성) : 버려 두어 황폐한 성
荒野(황야) : 거친 들판　　荒地(황지) : 황폐하거나 거친 땅

가슴 흉	부수 : 肉(月)　　총 10 획
胸	고기(肉→月)처럼 살로 싸(勹)고 있는 흉한(凶) 부분이 가슴(胸)이다

胸裏(흉리) : 가슴 속. 마음 속　　胸背(흉배) : 가슴과 등
胸部(흉부) : 가슴부분　　胸中(흉중) : 가슴 속
心胸(심흉) : 가슴속의 마음

이끌 견	부수 : 牛　　총 11 획
牽	검은(玄)멍에를 목에 덮어(冖)쓴 소(牛)가 수레를 이끌다(牽)

牽強附會(견강부회) : 말을 억지로 끌어다가 그럴듯하게 꾸며 댐　　牽聯(견련) : 서로 켕기어 관련됨
牽連之親(견련지친) : 먼 친족　　牽牛(견우) : 은하수 동쪽가의 취좌에 있는 별이름
牽引(견인) : 끎　　牽制(견제) : 견인하여 자유행동을 제지함

마침내 경	부수 : 立　　총 11 획
竟	소리(音)내던 것을 어진사람(儿)들이 마침내(竟)마치다

畢竟(필경) : 마침내. 결국에는

외성 곽	부수 : 邑(阝)　　총 11 획
郭	행복을 누릴(享)수 있게 고을(邑→阝)을 둘러쌓은 것이 외성(郭)이다

城郭(성:곽) : 내성과 외성
外郭(외:곽) : 성밖으로 다시 둘러쌓은 성
輪郭(윤곽) : 사물의 대강의 테두리

3급 배정한자

걸 괘:	부수: **手(扌)**　총 11획
掛	손(手→扌)으로 흙(土)이 있는 흙(土)에다 자리를 깔고 점(卜)칠 내용을 써서 걸(掛)다

掛圖(괘:도) : 벽에 걸게 되어 있는 그림
掛燈(괘:등) : 등을 걺
掛鐘(괘:종) : 걸어 놓는 시계

주릴 기	부수: **食**　총 11획
飢	먹을 밥(食)이 없어 안석(几)에 기대어 굶주리며 배를 주리다(飢)

飢寒(기한) : 굶주리고 추위에 떪

이미 기	부수: **无(旡)**　총 11획
旣	흰(白)쌀밥을 비수(匕)같은 숟가락으로 숨막힐(旡)정도로 이미(旣)다 먹다

旣決(기결) : 이미 결정 됨　　　旣得(기득) : 이미 얻어서 차지함
旣成(기성) : 이미 이루어짐　　　旣往(기왕) : 이미 지나간 일
旣定(기정) : 이미 정해 짐　　　旣婚(기혼) : 이미 결혼 함

돼지 돈	부수: **肉(月)**　총 11획
豚	고기(肉→月)살이 많이 붙은 돼지(豕)인 통통한 돼지(豚)를 나타낸 자

家豚(가돈) : 남에게 제 아들을 일컫는 말
養豚(양돈) : 돼지를 먹여 기름

노략질할 략	부수: **手**　총 11획
掠	손(手→扌)으로 잘 사는 서울(京)에서 나쁜 사람들이 노략질하다(掠)

掠取(약취) : 노략질하여 가짐
侵掠(침략) : 침노하여 약탈함

들보 량	부수: **木**　총 11획
梁	물(水→氵)을 건너기 위해 칼날(刃)로 점(丶)같은 옹이까지도 떼어낸 나무(木)로 다리를 놓듯이 천장에 가로지른 것이 들보(梁)다

梁上君子(양상군자) : 대들보 위의 군자라는 말로, 도둑을 이름
橋梁(교량) : 다리

3급 배정한자

사슴 록	부수 : 鹿 총 11 획
鹿	사슴의 뿔·머리(亠), 꼬리(丿), 몸(㐃), 다리(比)를 본뜬 자

鹿角(녹각) : 수사슴 뿔
鹿皮(녹비) : 사슴 가죽

여러 루:	부수 : 糸 총 11 획
累	밭(田)갈아 놓은 이랑이 실(糸)같이 여러(累) 갈래의 모양이다

累計(누:계) : 소계를 누가하여 계산함   累積(누:적) : 포개어 쌓음
累卵之危(누:란지위) : 포개어 놓은 알처럼 금방 무너질 듯한 위태로움
累進(누:진) : 계급·등급 따위가 여러 차례 거듭하여 올라감   累次(누:차) : 여러 차례

눈물 루:	부수 : 水 총 11 획
淚	물(水→氵)방울이 떨어지듯 집(戶)안에 있는 개(犬)를 팔려고 끌어내니 눈물(淚)을 흘리다

淚汗(누:한) : 눈물과 땀
血淚(혈루) : 피눈물

배 리	부수 : 木 총 11 획
梨	사람에게 이할(利)정도의 좋은 나무(木)열매가 배(梨)다

梨花(이화) : 배꽃

삼 마(:)	부수 : 麻 총 11 획
麻	집(广)에다 나무(木)와 나무(木)비슷한 것을 베어다 세워 놓은 것이 삼(麻)이다

麻立干(마립간) : 신라 때 임금호칭의 한 가지   麻藥(마약) : 특히 습관성인 마취 약
麻醉(마취) : 신체 부위에 감각을 없애는 일   大麻(대마) : 삼
油麻(유마) : 참깨와 검은깨의 총칭   胡麻(호마) : 참깨와 검은깨의 총칭

늦을 만(:)	부수 : 日 총 11 획
晚	날(日)마다 힘이 면할(免)정도로 일을 하니 집에 돌아오는 시간이 늦다(晚)

晚覺(만:각) : 늦게 깨달음   晚年(만:년) : 노년. 노후
晚唐(만:당) : 당나라의 말기   晚生種(만:생종) : 같은 식물 중에서 아주 늦게 익는 종류
晚成(만:성) : 늦게 성취함   晚學(만:학) : 나이 들어 늦게 공부를 시작함

3급 배정한자

보리 맥	부수 : 麥 총 11 획
麥	보리이삭이 패어 있는 모양을 본떠 "보리"를 뜻한 자

麥農(맥농) : 보리농사 麥作(맥작) : 보리농사
麥皮(맥피) : 밀기울 米麥(미맥) : 쌀과 보리
小麥(소맥) : 밀. 참밀 胡麥(호맥) : 호밀

민첩할 민	부수 : 攵(攴) 총 11 획
敏	매양(每) 치(攴→攵)듯이 힘써 하니 모든 일에 민첩하다(敏)

敏感(민감) : 사물에 대한 느낌이 예민함
敏速(민속) : 날쌤. 재빠름
過敏(과:민) : 지나치게 예민함

병풍 병	부수 : 尸 총 11 획
屛	주검(尸)에 이른 시체 앞에 나란히(竝→幷)세워져 있는 것이 병풍(屛)이다

屛風(병풍) : 방안에 세워서 바람을 막거나 무엇을 가리는 물건

무너질 붕	부수 : 山 총 11 획
崩	메(山)처럼 쌓여 던 벗(朋)의 믿음이 나의 잘못으로 무너지다(崩)

崩壞(붕괴) : 무너짐. 허물어짐
崩落(붕락) : 무너져 떨어짐
崩城(붕성) : 황폐하여 무너진 성

버릴 사	부수 : 手 총 11 획
捨	손(手→扌)으로 집(舍)에서 쓰지 못하는 것은 내다 버리다(捨)

捨生取義(사:생취:의) : 생명을 버릴지라도 의를 취한다는 뜻
捨身(사:신) : 목숨을 버림
取捨(취:사) : 취할 것은 취하고 버릴 것은 버림

긴뱀 사	부수 : 虫 총 11 획
蛇	벌레(虫)중에서 집(宀)인 굴을 뚫고 살며 비수(匕)같은 혀를 날름거리니 긴뱀(蛇)이다

蛇足(사족) : 뱀의 발이란 뜻으로, 쓸데없는 군일로 다 된 일을 그르치는 어리석음의 비유
毒蛇(독사) : 이빨에 독액 분비선을 갖은 뱀의 총칭   白蛇(백사) : 몸빛이 흰색
靑蛇(청사) : 몸빛이 푸른색

3급 배정한자

비낄 사	부수 : 斗　　총 11 획
斜	나(余)의 손으로 말(斗)을 들고 속에 남아 있나 보기 위해 옆으로 비끼다(斜)

斜路(사로) : 비탈길
斜線(사선) : 한 직선에 대하여 사각을 이루는 직선
斜眼(사안) : 곁눈질로 보는 눈
斜面(사면) : 경사진 면
斜視(사시) : 곁눈질함. 사팔눈
傾斜(경사) : 비스듬히 기울어짐

상서 상	부수 : 示　　총 11 획
祥	보일(示)수 있게 양(羊)을 잡아 신에게 바치니 상서(祥)함을 주다

吉祥(길상) : 운수가 좋은 조짐
大祥(대:상) : 사람이 죽은 지 두 돌 만에 지내는 제사
小祥(소:상) : 사람이 죽은 지 한 돌 만에 지내는 제사

여러 서:	부수 : 广　　총 11 획
庶	집(广)에서 스물(卄)정도의 사람이 한(一)곳에 모여 불(火→灬)같은 열기를 내니 여러(庶)이다

庶母(서:모) : 아버지의 첩
庶民(서:민) : 백성. 평민
庶出(서:출) : 첩에 몸에서 남
庶務(서:무) : 여러 가지 사무
庶子(서:자) : 첩의 몸에서 난 자식

펼 서:	부수 : 攴　　총 11 획
敍	나(余)의 손으로 접히거나 굽은 것을 치(攴)듯 힘써 펴다(敍)

敍論(서:론) : 순서를 따라 논함
敍述(서:술) : 일정한 내용을 차례를 쫓아 말하거나 적음
敍情(서:정) : 자기의 정서를 그려 냄
敍事(서:사) : 사실을 있는 그대로 서술함
自敍(자서) : 제일을 제가 진술함

송사할 송:	부수 : 言　　총 11 획
訟	말씀(言)으로 공평할(公)수 있도록 억울함을 송사하다(訟)

訟事(송:사) : 소송하는 일
訴訟(소송) : 재판을 걺

누구 숙	부수 : 子　　총 11 획
孰	복을 누리(享)며 세상을 둥글(丸)둥글 살기를 누구(孰)나 바라다

3급 배정한자

입술 순	부수 : 肉(月)　　총 11 획
脣	별(辰)처럼 몸(肉→月)에서 붉은 빛을 띠는 곳이 입술(脣)이다

脣亡齒寒(순망치한) : 입술이 없으면 이가 시리다는 뜻
兎脣(토순) : 언청이의 입술
紅脣(홍순) : 여자의 붉은 입술

새벽 신	부수 : 日　　총 11 획
晨	날(日)이 밝아 오며 별(辰)이 희미하게 보이니 새벽(晨)이다

晨鷄(신계) : 새벽을 알리는 닭
晨星(신성) : 새벽 별
晨省(신성) : 아침 일직 부모의 침소에가 밤사이의 안부를 살피는 일

물가 애	부수 : 水　　총 11 획
涯	물(手→氵)이 언덕(厂)아래 흙(土)과 흙(土)에 있으니 물가(涯)다

境涯(경애) : 환경과 생애
邊涯(변애) : 끝. 한계
水涯(수애) : 물가

어찌 언	부수 : 火(灬)　총 11 획
焉	바르(正)게 한(一)곳에다 갈고리(亅→ㄥ)로 불(火→灬)을 어찌(焉)모으랴

焉敢生心(언감생심) : 어찌 감히 그런 생각을 할 수 있으랴
焉哉乎也(언재호야) : 천자문의 맨 끝구. 넉자 모두 조사임

떳떳할 용	부수 : 广　　총 11 획
庸	집(广)에서 돼지머리(ㅋ)같은 연장을 쓸(用)수 있으니 떳떳하다(庸)

庸劣(용렬) : 범용(凡庸)하고 열등(劣等)함
中庸(중용) : 어느 쪽으로나 치우침이 없고 중정함

오직 유	부수 : 口　　총 11 획
唯	입(口)으로 새(隹)가 내는 소리는 오직(唯) 짹짹하는 소리다

唯我獨尊(유아독존) : 이 세상에서 오직 나만이 존재함
唯唯(유유) : 예, 예하고 공손히 대답하는 소리
唯一無二(유일무이) : 오직 하나 뿐 이고 둘도 없음

3급 배정한자

생각할 유	부수 : 心(忄)　　총 11 획
惟	마음(心→忄)속으로 작은 새(隹)잡을 생각하다(惟)

惟獨(유독) : 다만. 홀로
惟日不足(유일부족) : 시간이 모자란다는 뜻으로, 부지런히 노력함을 이르는 말

음란할 음	부수 : 水　　총 11 획
淫	물(水→氵)기가 없는 손톱(爫)으로 북방(壬)에서 하는 짓이 음란하다(淫)

淫女(음녀) : 음탕한 여자　　　　　淫談(음담) : 음탕한 이야기
淫亂(음란) : 음탕하고 난잡함　　　淫婦(음부) : 몸가짐이 정숙하지 못한 여인
淫書(음서) : 음탕한 일을 적은 책　淫慾(음욕) : 음탕한 욕심

범 인	부수 : 宀　　총 11 획
寅	집(宀) 한(一)곳으로 말미암아(由) 여덟(八)자 걸음으로 어슬렁어슬렁 다니니 범(寅)이다

寅年(인년) : 태세의 지지가 인인 해
寅念(인념) : 삼가 생각함
寅時(인시) : 새벽 3시부터 5시 사이

자줏빛 자	부수 : 糸　　총 11 획
紫	이(此) 실(糸)의 색깔은 자줏빛(紫)이다

紫禁城(자금성) : 북경에 있는 청대의 궁전
紅紫(홍자) : 붉은 빛과 보라 빛

더할 첨	부수 : 水(氵)　　총 11 획
添	물(水→氵)을 한(一→丿)개의 큰(大) 그릇에 담듯 마음(心→㣺)을 다하여 더하다(添)

添加(첨가) : 덧붙임. 보탬
添附(첨부) : 더함
添削(첨삭) : 글이나 글자를 보태거나 빼서 고침

쫓을 축	부수 : 辵(辶)　　총 11 획
逐	돼지(豕)를 붙잡기 위해 뛰(辵→辶)며 뒤를 쫓다(逐) ※ 辵(辶) : 뛰다 착

逐客(축객) : 손을 쫓음
逐出(축출) : 쫓아냄. 내쫓음
放逐(방축) : 쫓아냄

3급 배정한자

탐낼 탐	부수: 貝 　　 총 11 획
貪	이제(今) 막 조개(貝)로 만든 귀한 물건을 보며 탐내다(貪)

貪官汚吏(탐관오리) : 욕심이 많고 부정하게 재물을 탐하는 관리
貪讀(탐독) : 욕심을 내어 읽음　　　　　　貪心(탐심) : 탐하는 마음
貪慾(탐욕) : 욕심이 많음　　　　　　　　食貪(식탐) : 음식에 대하여 욕심내어 탐냄

사무칠 투	부수: 辵 　　 총 11 획
透	빼어날(秀)정도의 생각으로 쉬엄쉬엄가(辵→辶)듯이 마음에 와 사무치다(透)

透過(투과) : 지나감. 통과함　　　　　　　透明(투명) : 환히 속까지 비쳐 보임
透寫(투사) : 글씨나 그림을 얇은 종이를 포개어 대고 그대로 베낌　透徹(투철) : 환히 비쳐 보임. 철저함
浸透(침투) : 젖어 들어감　　　　　　　　透視(투시) : 속에 있는 것을 꿰뚫어 비추어 봄

팔 판	부수: 貝 　　 총 11 획
販	조개(貝)를 잡아다 돌아올(反)돈을 생각하며 팔다(販)

販路(판로) : 상품이 팔려 나가는 일　　　販賣(판매) : 팖. 매매함
街販(가판) : 가두판매의 준말　　　　　　市販(시:판) : 시중판매의 준말
總販(총판) : 전부를 팖

치우칠 편	부수: 人 　　 총 11 획
偏	사람(人→亻)이 집(戶)에서 책(冊→冊)만드는 일에 온 힘을 치우치다(偏)

偏見(편견) : 한쪽으로 치우친 생각　　　　偏傾(편경) : 한쪽으로 치우침
偏母(편모) : 아버지는 돌아가시고 홀로 있는 어머니
偏食(편식) : 어떠한 음식만을 편벽하게 먹음　　偏愛(편애) : 치우친 사랑

멜 하(:)	부수: ⺿ 　　 총 11 획
荷	풀(艸→⺿)을 베어 어찌(何)어찌하여 어깨에 메다(荷)

荷擔(하담) : 짐을 짊　　　　　　　　　　荷物(하물) : 짐. 운송하는 물건
荷葉(하엽) : 연 잎　　　　　　　　　　　荷重(하중) : 짐의 무게
負荷(부:하) : 짐을 짐　　　　　　　　　　集荷(집하) : 짐을 한곳으로 모음

줄 현	부수: 糸 　　 총 11 획
絃	실(糸)을 검을(玄)정도로 물 드려 만든 것이 거문고 줄(絃)이다

絃樂(현악) : 현악기로 연주하는 음악
管絃(관현) : 관악기와 현악기
彈絃(탄:현) : 현악기를 탐

3급 배정한자

터럭 호	부수 : 毛　　　총 11 획
毫	높을(高→高)정도의 값이 나가는 터럭(毛)이 좋은 터럭(毫)이다

秋毫(추호) : 가을에 짐승이 털이 아주 가늘다는데서, '고금. 매우 적음'의 뜻
筆不停毫猶(필불정호) : 쉬지 않고 계속하여 죽 씀
揮毫(휘호) : 예술품으로서 붓을 휘둘러 글씨를 쓰거나 그림을 그림

목마를 갈	부수 : 水(氵)　　총 12 획
渴	물(水→氵)도 아 마시고 가로(曰)하며 말 싸(勹)는 것만 사람(人)이 계속하니 한(一→ㄴ)방울에 침도 안 나오니 목마르다(渴)

渴求(갈구) : 몹시 애써서 구함　　　　渴急(갈급) : 몹시 조급함
渴望(갈망) : 목말라 물을 찾듯이 몹시 바람　渴症(갈증) : 목이 자꾸 마르는 증세
枯渴(고갈) : 물이 바짝 마름　　　　解渴(해:갈) : 목마름을 풀어 버림

벼슬 경	부수 : 卩　　　총 12 획
卿	병부(卩→卩)와 흰(白) 비수(匕)를 지닌 사람들을 병부(卩)를 지닌 사람이 다스리니 벼슬(卿)아치다

굳을 경	부수 : 石　　　총 12 획
硬	돌(石)의 성질로 고치(更)니 물체가 굳다(硬)

硬骨(경골) : 단단한 뼈　　　　　　硬度(경도) : 물체의 단단함의 정도
硬性(경성) : 단단한 성질　　　　　硬水(경수) : 센물
硬直(경직) : 굳어서 뻣뻣하게 됨　　硬化(경화) : 단단하게 굳어짐

그 궐	부수 : 厂　　　총 12 획
厥	언덕(厂)위에 여덟(八→ˇˇ)개를 한(一)곳 왼(屮)쪽으로 치우치게 쌓니 하품(欠)하듯 입 벌려 놀라며 그(厥)것 하며 가리키다

厥女(궐녀) : 그 여자

버섯 균	부수 : ⺾　　　총 12 획
菌	풀(⺾)싹 같은 것이 에워싸(囗) 쌓아 놓은 벼(禾)짚에서 자라나니 곰팡이 같은 버섯(菌)이다

滅菌(멸균) : 세균을 죽여 없앰　　　　病菌(병:균) : 병원균
保菌(보:균) : 병균을 몸에 가지고 있음　　殺菌(살균) : 세균을 죽임
細菌(세:균) : 생물체에서 가장 간단한 형태를 가진 하등의 생활체

3급 배정한자

버릴 기	부수 : 木　　　총 12 획
棄	머리부분(亠)쪽부터 사사(厶)하게 난 스물(廾) 정도의 잎을 한(一)개씩 나무(木)에서 따서 버리다(棄)

棄却(기각) : 버려두고 문제 삼지 않음　　　棄權(기권) : 권리를 포기함
自暴自棄(자포자기) : 마음에 불만이 있어 짐짓 몸가짐이나 행동을 마구 되는대로 함
投棄(투기) : 내던져 버림　　　　　　　　破棄(파기) : 깨뜨리기 찢어서 없애버림

몇 기	부수 : 幺　　　총 12 획
幾	작고(幺) 작은(幺) 창(戈)을 사람(人)이 가져다 쌓아 놓아도 몇(幾)안되다

幾何(기하) : 얼마. 몇
幾何級數(기하급수) : 어느 항과 그 다음 항의 비가 일정한 급수

속일 기	부수 : 欠　　　총 12 획
欺	그(其)것이라고 하품(欠)하듯 입을 벌리고 달콤한 말로 남을 속이다(欺)

欺世盜名(기세도명) : 세상 사람을 속여 허명을 얻음

번뇌할 뇌	부수 : 心　　　총 12 획
惱	마음(忄)과 내(川)처럼 생긴 골이 있고 숨구멍(囟)이 있는 머리 속으로 괴로움을 번뇌하다(惱)

惱殺(뇌쇄) : 애가 타도록 몹시 괴롭힘
苦惱(고뇌) : 몸과 마음의 괴로움
憂惱(우뇌) : 근심하고 번민함

빌릴 대	부수 : 貝　　　총 12 획
貸	대신(代) 조개(貝)판 돈을 주기로 하고 남의 물건을 빌리다(貸)

貸本(대:본) : 돈을 받고 책을 빌려 줌
貸與(대:여) : 돈이나 물건을 빌림
貸用(대:용) : 꾸어 씀　　　　　　　　貸出(대:출) : 꾸어 줌

건널 도:	부수 : 水(氵)　총 12 획
渡	물(氵)을 법도(度)처럼 정해 놓은 곳으로만 건너다(渡)

渡江(도:강) : 강을 건넘　　　　　　渡來(도:래) : 외국에서 건너 옴
渡美(도:미) : 미국으로 감　　　　　　渡日(도:일) : 일본으로 건너 감
渡河(도:하) : 강을 건넘　　　　　　不渡(부도) : 수표에 쓰인 금액을 받을 수 없는 일

3급배정한자

도타울 돈	부수 : 攵 　　　총 12 획
敦	복을 누릴(享)수 있게 치(攵)듯 서로 힘쓰니 정이 도탑다(敦)

敦化(돈화) : 두터운 교화
敦厚(돈후) : 인정이 도타움

둔할 둔:	부수 : 金 　　　총 12 획
鈍	쇠(金)를 한(一)곳에 풀 싹난(屮→屯)것처럼 마구 쌓니 머리가 둔하다(鈍)

鈍感(둔:감) : 감각이 무딤　　　　　鈍器(둔:기) : 무딘 연장
鈍才(둔:재) : 둔한 재주　　　　　　鈍筆(둔:필) : 필적이 서투름
愚鈍(우둔) : 어리석고 둔함

찢어질 렬	부수 : 衣 　　　총 12 획
裂	벌(列)어진 옷(衣)을 보니 찢어지다(裂)

裂傷(열상) : 찢기어 난 상처　　　　分裂(분열) : 찢어져 갈라짐
四分五裂(사분오열) : 천하가 심히 어지러움
破裂(파:열) : 깨어져 갈라짐

중매 매	부수 : 女 　　　총 12 획
媒	계집(女)을 아무(某)도 모르는 사내에게 중매(媒)하다

媒介(매개) : 사이에 서서 양편의 관계를 맺어 줌
媒體(매체) : 물리적 작용을 전하여 주는 물질
仲媒(중:매) : 남자 쪽과 여자 쪽의 사이에서 혼인이 되게 하는 일

곁 방	부수 : 人 　　　총 12 획
傍	사람(亻)이 서(立→亠)있고 덮을(冖)정도로 모(方)가 지니 서로에 곁(傍)이다

傍系(방계) : 직계에서 갈려 나간 친계　　　傍聽(방청) : 옆에서 들음
傍觀(방관) : 직접 관계하지 않고 제삼자의 처지에서 보기만 함. 近傍(근방) : 아주 가까운 곁
傍點(방점) : 특히 주의를 요하는 글귀나 글자 옆에 찍는 점

속일 사	부수 : 言 　　　총 12 획
詐	말씀(言)을 사람(人→亻)에게 마음을 뚫을(丨)정도로 두(二)번 씩이나 해서 속이다(詐)

詐欺(사기) : 속임. 남을 속여 이득을 꾀함
詐取(사취) : 사기로 남의 금품을 취득함
詐稱(사칭) : 이름, 직업, 나이, 주소 등을 속이 이름

3급 배정한자

이 사	부수 : 斤　　총 12 획
斯	그(其)물체를 도끼 날(斤)로 자르니 두 개 중 하나인 이(斯)것을 뜻한 자

斯道(사도) : 이 길. 성현의 길
斯文(사문) : 이 글. 이 문

조 속	부수 : 米　　총 12 획
粟	껍질로 덮여(襾) 있는 쌀(米) 대신 밥을 해 먹을 수 있으니 조(粟)다

米粟(미속) : 쌀과 조

모름지기 수	부수 : 頁　　총 12 획
須	터럭(彡)이 머리(頁)에 모르지기(須)나다

必須(필수) : 꼭 필요로 함

돌 순	부수 : 彳　　총 12 획
循	자축거리(彳)듯 앞으로 가며 창이나 화살을 막기 위해 방패(盾)를 이리저리 돌(循)리다

循行(순행) : 여러 곳으로 돌아다님
循環(순환) : 주기적으로 반복하여 돎

찾을 심	부수 : 寸　　총 12 획
尋	손(크)으로 장인(工)이 쓸 것을 입(口)으로 물으며 마디(寸)같은 작은 것을 찾다(尋)

尋訪(심방) : 사람을 찾아 봄
尋常(심상) : 대수롭지 않음

읊을 영:	부수 : 言　　총 12 획
詠	말씀(言) 한 마디 한 마디를 길(永)게 하며 시를 읊다(詠)

詠歌(영:가) : 목소리를 길게 뽑아 읊음

3급 배정한자

윤달 윤:	부수 : 門　　총 12 획
閏	대궐 문(門)밖 출입을 임금(王)이 하지 않으니 윤달(閏)이다

둑 제	부수 : 土　　총 12 획
堤	흙(土)을 이(是)곳에 가져다 쌓아 만든 것이 둑(堤)이다

堤防(제방) : 둑. 방죽
防波堤(방파제) : 바다의 물결을 막아서 항내의 정온을 보전하려고 항만에 쌓은 둑

갤 청	부수 : 日　　총 12 획
晴	날(日)이 맑아 해도 보이고 하늘도 푸르(靑)니 날씨가 개다(晴)

晴天(청천) : 맑게 갠 하늘
快晴(쾌청) : 하늘이 상쾌하도록 맑게 갬

바꿀 체	부수 : 日　　총 12 획
替	지아비(夫)와 지아비(夫)가 서로 가로(曰)하며 이야기를 바꾸다(替)

交替(교체) : 서로 번갈아 들어 대신함
代替(대:체) : 다른 것으로 바꿈
對替(대:체) : 어떤 계정의 금액을 다른 계정에 옮겨 적는 일

잡을 체	부수 : 辵　　총 12 획
逮	손이 미칠(隶)때 까지 쉬엄쉬엄가(辶)서 물체를 잡다(逮)

逮捕(체포) : 죄인을 쫓아가서 잡음

끓을 탕	부수 : 水　　총 12 획
湯	물(氵)을 아침(旦)에 일어나 찬기를 말[없게](勿)게 솥에 불을 때니 끓다(湯)

藥湯(약탕) : 병의 치료를 위해 약을 넣어 끓인 물　　熱湯(열탕) : 뜨겁게 끓인 물이나 국
溫湯(온탕) : 오천의 뜨거운 물　　　　　　　　　　浴湯(욕탕) : 목욕탕의 준말
雜湯(잡탕) : 소고기, 해삼, 전복, 무 따위에 갖은 양념과 고명을 하여 끓인 국

3급 배정 한자

폭 폭	부수 : 巾 총 12 획
幅	수건(巾) 한(一)개 넓이만큼 입(口)모양같이 둥글게 밭(田)에 쟁기로 갈아 쌓은 너비가 폭(幅)이다

大幅(대:폭) : 큰 폭. 썩 많음
半幅(반:폭) : 폭이 좁음
全幅(전폭) : 일정한 범위의 전체　　　橫幅(횡폭) : 가로 넓이

사이뜰 격	부수 : 阜 총 13 획
隔	언덕(阜→阝)에 둘러싸여 오지병(鬲)속 같이 외부와 막히다(隔) 전의하여 "사이뜨다"로 씀

隔離(격리) : 사이를 떼어 놓음　　　隔世之感(격세지감) : 다른 세대 같이 달라진 느낌
隔月(격월) : 한 달씩 거름　　　　　隔日(격일) : 하루씩 거름
隔差(격차) : 동떨어진 차이　　　　　間隔(간격) : 물건 사이의 거리

비단 견	부수 : 糸 총 13 획
絹	누에가 실(糸)을 입(口)으로 빼내고 고기(肉→月)인 번데기도 먹고 실로 옷감을 짠 것이 비단(絹)이다

絹絲(견사) : 명주실　　　絹織物(견직물) : 명주실로 짠 피륙의 총칭
生絹(생견) : 생사로 짠 깁　　本絹(본견) : 명주실로 짠 비단을 인조견이나 교직에 대하여 일컫는 말
人造絹(인조견) : 인조견사로 짠 비단

흙덩이 괴	부수 : 土 총 13 획
塊	흙(土)이 귀신(鬼)모양 같이 생겼으니 흙덩이(塊)이다

金塊(금괴) : 금덩이. 금화의 지금
大塊(대:괴) : 큰 덩어리

부끄러울 괴:	부수 : 心 총 13 획
愧	마음(忄)속을 귀신(鬼)처럼 드려다 보니 부끄럽다(愧)

愧死(괴사) : 부끄러운 죽음

겨우 근:	부수 : 人 총 13 획
僅	사람(亻)이 진흙(堇)에서 겨우(僅)빠져 나오다 ※ 堇 : 진흙 근

僅僅(근:근) : 겨우. 간신히
僅少(근:소) : 조금. 아주 적음

3급 배정한자

칠할 도	부수 : 土　　　총 13 획
塗	물(氵)에다 나(余)가 흙(土)을 넣어 진흙을 만들어 물체에다 칠하다(塗)

塗工(도공) : 미장이　　　　　　　　　　塗料(도료) : 물건의 거죽에 바르는 재료
塗色(도색) : 색을 칠함　　　　　　　　　塗裝(도장) : 칠 따위를 발라서 치장함
塗炭(도탄) : 진흙과 숯

뛸 도	부수 : 足　　　총 13 획
跳	발(足→⻊)을 억조(兆)같이 많이 움직이며 뛰다(跳)

跳開橋(도개교) : 배가 지나갈 수 있도록 다리의 한 끝 또는 양끝이 들리면서 열리게 된 다리
逃脫(도탈) : 뛰어 달아남
高跳(고도) : 높이 뜀

청렴할 렴	부수 : 广　　　총 13 획
廉	집(广)안에서 덕과 학식을 겸한(兼)벼슬아치가 마음을 비우고 살아가니 청렴하다(廉)

廉價(염가) : 싼 값　　　　　　　　　　　廉問(염문) : 조사함
廉直(염직) : 청렴하고 정직함　　　　　　廉恥(염치) : 마음이 청렴하며 수치를 앎
廉探(염탐) : 몰래 사정을 조사 함　　　　 淸廉(청렴) : 성품이 고결하고 탐욕이 없음

떨어질 령	부수 : 雨　　　총 13 획
零	비(雨)로 하여금(令)위에서 아래로 떨어지다(零)

零度(영도) : 도수 계산의 기점이 되는 자리
零細(영세) : 매우 잚. 매우 적음　　　　　零時(영시)밤 12시에서 1시 사이
零雨(영우) : 부슬부슬 내리는 비

녹 록	부수 : 示　　　총 13 획
祿	신하에게 보일(示)수 있는 곳에 돼지머리(彑)놓고 제사도 지내고 물(氺)을 대서 농사 질 수 있는 작은 농토와 곡식을 주는 것이 록(祿)이다

祿米(녹미) : 녹봉으로 받는 쌀
祿邑(녹읍) : 나라에서 공신들에게 준 농토
官祿(관록) : 관원에게 주는 봉급　　　　國祿(국록) : 나라에서 주는 녹봉

우레 뢰	부수 : 雨　　　총 13 획
雷	비(雨)올 때 풀 밭(田)에서 쾅 하고 사냥하는 총소리 같은 것이 우뢰(雷) 소리다

雷鼓(뇌고) : 시끄럽게 북을 침. 천둥소리
雷管(뇌관) : 포탄, 탄환 등 폭발물의 화약에 불이 붙도록 하기 위한 금속으로 만든 관
雷聲(뇌성) : 천둥소리　　　　　　　　　雷雨(뇌우) : 번개를 치며 내리는 비

3급 배정한자

모을 모	부수 : 力 총 13 획
募	사방에 없을(莫)때 까지 힘(力)을 드려 모으다(募)

募金(모금) : 기부금을 모음   募兵(모병) : 병사를 모집 함
募集(모집) : 널리 구하여 모음   公募(공모) : 일반에게 널리 공개하여 하는 모집
急募(급모) : 급히 모집 함   應募(응:모) : 모집에 응함

번거로울 번	부수 : 火 총 13 획
煩	일이 불(火)길 일어나듯 머리(頁)속을 복잡하게 하니 번거롭다(煩)

煩惱(번뇌) : 마음으로 몹시 괴로워 함
煩憂(번우) : 괴로워하고 걱정함
煩雜(번잡) : 번거롭고 뒤섞여 어순선 함

벌 봉	부수 : 虫 총 13 획
蜂	벌레(虫)중에서 뒤져오(夂)듯 풀무성할(丰)정도로 암컷 벌레를 따르니 벌(蜂)이다

蜂房(봉방) : 벌집   蜂王(봉왕) : 여왕 벌
分蜂(분봉) : 새 여왕봉을 만든 후, 일벌의 일부와 함께 딴 집이나 통으로 갈라 옮김
女王蜂(여왕봉) : 여왕벌

부를 빙	부수 : 耳 총 13 획
聘	귀(耳)로 말미암아(由) 공교하다(巧→丂)는 말을 듣고 모시기 위해 부르다(聘)

聘母(빙모) : 아내의 친정어머니   聘父(빙부) : 아내의 친정아버지
聘丈(빙장) : 빙부의 경칭   徵聘(징빙) : 예를 갖춰 초대함
招聘(초빙) : 예를 갖춰 불러 맞아들임

막힐 색	부수 : 土 총 13 획
塞	집(宀)의 벽을 우물(井)처럼 엮고 팔짱끼(卄→六)듯 두 손으로 흙(土)을 바르니 막히다(塞)

塞源(색원) : 근원을 막아 버림
邊塞(변새) : 변경에 있는 요새
要塞(요새) : 국경 등에 있는 요해의 성채

더울 서:	부수 : 日 총 13 획
暑	날(日)이 맑아 해가 놈(者)인 사람 머리 위에서 내리 쬐니 날씨가 덥다(暑)

暑氣(서:기) : 여름의 더위   大暑(대:서) : 몹시 심한 더위
小暑(소:서) : 24절기의 열한 째(양력7월7일경)   炎署(염서) : 염열(炎熱)
暴暑(폭서) : 혹독하게 사나운 더위   避暑(피:서) : 선선한 곳으로 옮겨 더위를 피하는 일

3급 배정한자

찾을 수	부수 : 手　　총 13 획
搜	손(扌)으로 확구(臼→臼)같이 뚫은(丨)곳이 또(又)있나 없나 찾다(搜)

搜檢(수검) : 수사하여 조사함　　　　　搜査(수사) : 찾아 조사함
搜索(수색) : 수사하여 탐색함
搜所聞(수소문) : 떠도는 풍설을 더듬어 살핌

드디어 수	부수 : 辵　　총 13 획
遂	달아나는 여덟(八)마리 돼지(豕)중 쉬엄쉬엄가(辶)는 마리를 드디어(遂)붙잡다

遂行(수행) : 일을 이루어 냄
甘遂(감수) : 대극과의 다년초
完遂(완수) : 완전히 수행함

졸음 수	부수 : 目　　총 13 획
睡	눈(目)꺼풀이 드리울(垂) 때 졸음(睡)이오다

睡眠(수면) : 잠. 또는 잠을 잠
昏睡(혼수) : 의식이 없어지고 인사불성이 됨

버들 양	부수 : 木　　총 13 획
楊	나무(木)의 잎이 아침(旦)햇살에 싸(勹)여 삐치(丿)듯 삐치(丿)듯 땅 쪽으로 늘어지니 버들(楊)이다

楊貴妃(양귀비) : 양귀비꽃과의 1~2년 초
楊柳(양류) : 버드나무
楊枝(양지) : 버들가지. 이쑤시개　　　　白楊(백양) : 버들과의 낙엽 활엽 교목

거만할 오:	부수 : 人(亻)　　총 13 획
傲	사람(亻)이 흙(土)처럼 모(方)가나 칠(攵)듯 말해도 듣지 않고 거만하다(傲)

傲氣(오:기) : 오만스러운 의기
傲散(오:산) : 오만하고 방자스러움

슬플 오	부수 : 口　　총 13 획
嗚	입(口)으로 까마귀(烏)가 내는 소리가 슬프다(嗚)

嗚呼(오호) : 슬플 때나 탄식할 때 내는 소리

3급 배정한자

흔들 요	부수 : 手　　　총 13 획
搖	손(扌)로 고기(肉→月)가 장군(缶)같은 통에 들어 있나 흔든다(搖)

搖動(요동) : 흔들림. 흔듦
搖脣鼓舌(요순고설) : 입술을 움직이고 혀를 찬다는 뜻으로 함부로 지껄임을 이르는 말
搖搖(요요) : 흔들거리는 모양　　　　　搖之不動(요지부동) : 흔들어도 꼼짝하지 아니함

허리 요	부수 : 肉　　　총 13 획
腰	고기(肉→月)가 사람한데 요긴한(要)것처럼 사람 몸에서 중요한 곳이 허리(腰)다

腰帶(요대) : 가죽으로 만든 큰 허리 띠　　腰刀(요도) : 허리에 차는 칼
腰部(요부) : 허리 부분　　　　　　　　　腰折(요절) : 허리가 꺾어짐
腰痛(요통) : 허리 아픈 병. 허리앓이

어긋날 위:	부수 : 辵　　　총 13 획
違	다룸가죽(韋)으로 쉬엄쉬엄가(辵→辶)듯 촘촘히 꿰매어 옷을 만들어도 서로 어긋나다(違)

違反(위반) : 법률, 규칙, 약속 등을 어김　　違背(위배) : 어김
違法(위법) : 법을 어김　　　　　　　　　　違約(위약) : 약속을 어김
違憲(위헌) : 법에 위배 됨　　　　　　　　違和(위화) : 몸의 조화가 흐트러짐

나을 유	부수 : 心　　　총 13 획
愈	마을로 들(入)어 가는 한(一)척의 배(舟→月)가 큰도랑(巜)으로 가는 것 보다 냇가로 가는 것이 마음(心)에 낫다(愈)　　　※ 巜 : 큰 도랑 괴

품삯 임:	부수 : 貝　　　총 13 획
賃	일을 맡기(任)고 다하면 조개(貝)같은 귀한 재물로 품삯(賃)을 주다

賃金(임:금) : 품 삯　　　　　　　　　　　賃貸(임:대) : 삯을 받고 빌려 줌
賃借(임:차) : 삯을 주고 물건 따위를 빌려 씀　　工賃(공임) : 직공의 품삯
勞賃(노임) : 노동의 대한 보수　　　　　　運賃(운임) : 운송에 대한 삯

전각 전:	부수 : 殳　　　총 13 획
殿	주검(尸)을 무릅쓰고 여러 사람이 한가지(共)일에만 창(殳)같은 도구로 큰 집을 지은 것이 전각(殿)이다

殿閣(전:각) : 궁전　　　　　　　　　　　殿堂(전:당) : 신체, 불상 등을 안치하는 물건
殿下(전:하) : 궁전아래. 이후에는 제후의 존칭　　聖殿(성:전) : 신성한 전당
神殿(신전) : 신령을 모신 전각　　　　　　勤政殿(근정전) : 경북궁 안에 있는 정전

3급 배정한자

빚 채:	부수: 人　　총 13 획
債	사람(亻)에게 꾸짖을(責)정도로 말을 하며 빚(債)독촉하다

債權(채:권) : 채권자가 채무자에게 급부를 청구 할 수 있는 권리
債務(채:무) : 남에게 빚을 갚아야 하는 의무　　　公債(공채) : 공채무
國債(국채) : 국가의 빚　　　　　　　　　　　　負債(부:채) : 남에게 빚을 짐

두루 편:	부수: 辵(辶)　총 13 획
遍	집(戶)에서 책(冊→冊)의 내용을 쉬엄쉬엄가(辶)듯 두루(遍)살피다

遍歷(편:력) : 널리 돌아다님
遍在(편:재) : 두루 존재함
普遍(보:편) : 두루 널리 미침

갖출 해	부수: 言　　총 13 획
該	말씀(言)을 드려 제사상에 돼지(亥)고기를 갖추다(該)

該當(해당) : 바로 들어맞음
該博(해박) : 모든 사물을 두루두루 널리 앎

싫어할 혐	부수: 女　　총 13 획
嫌	계집(女)이 맵시와 마음씨를 겸할(兼)수 없을 때 주위에서 싫어하다(嫌)

嫌忌(혐기) : 싫어하여 꺼림　　　　　嫌惡(혐오) : 싫어하고 미워함
嫌怨(혐원) : 미워하고 원망함
嫌疑(혐의) : 의심스러움

헐 훼:	부수: 殳　　총 13 획
毀	절구(臼)에다 흙(土)덩이를 넣고 무딘 창(殳)같은 공이로 치며 헐다(毀)

毀傷(훼:상) : 몸에 상처를 냄
毀損(훼:손) : 헐어서 못쓰게 함
毀言(훼:언) : 남을 헐뜯는 말

이끌 휴	부수: 手　　총 13 획
携	손(扌)에 새(隹)잡는 덧 줄을 잡고 이에(乃) 자기 앞으로 이끌다(携)

携帶(휴대) : 손에 들거나 몸에 지님
提携(제휴) : 서로 붙들어 도와 줌

3급배정한자

슬퍼할 개:	부수 : 心(忄)　　총 14 획
慨	마음(忄)속으로 이미(旣)돌아가신 분을 슬퍼하다(慨)

慨歎(개:탄) : 한탄함

덮을 개:	부수 : ⺾　　총 14 획
蓋	풀(⺾)을 가지고 가(去)서 그릇(皿)을 덮다(蓋)

蓋然性(개:연성) : 그러하리라고 생각되는 성질

보낼 견:	부수 : 辶　　총 14 획
遣	여러 사람 가운데(中)서 한(一)사람을 뽑아 언덕(阜→𠂤)넘어 멀리 쉬엄쉬엄가(辶)도록 보내다(遣)

派遣(파견) : 용무를 보러 사람을 보냄

동료 료	부수 : 人　　총 14 획
僚	사람(亻)들이 한(一)개의 불(火)이 날(日)밝히는 것처럼 작을(小)정도의 마음을 서로 써 주니 동료(僚)다

閣僚(각료) : 내각을 조직하는 각 장관　　官僚(관료) : 관리들
同僚(동료) : 같은 곳에서 같은 일을 하는 사람들
幕僚(막료) : 일반적으로 중요한 계획에 참여하는 부하

여러 루:	부수 : 尸　　총 14 획
屢	주검(尸)을 무릅쓰고, 하지 말(毋)라고 가운데(中)입장에서 계집(女)에게 여러(屢)번 이야기하다

屢年(누:년) : 여러 해
屢代(누:대) : 여러 대
屢次(누:차) : 여러 번. 여러 차례

샐 루:	부수 : 水　　총 14 획
漏	물(水→氵)이 주검(尸)을 보면 줄줄 나오듯 지붕 뚫어진 곳으로 비(雨)가 새다(漏)

漏氣(누:기) : 축축한 기운　　　　　　漏落(누:락) : 적바림에서 빠짐
漏水(누:수) : 물시계의 물　　　　　　漏電(누:전) : 전기가 새어 흐름
漏出(누:출) : 물 따위가 새어 나옴　　屋漏(옥루) : 집이 샘

3급 배정한자

거만할 만:	부수 : 心　　　총 14 획
慢	마음(忄)씀이 날(日)이 갈수록 눈(目→罒)에 보이는 행실이 또(又)한 거슬리니 거만하다(慢)

慢性(만성) : 병이 급하지도 않고 속히 낫지도 않는 성질
傲慢(오만) : 잘난체하여 방자함　　　　自慢(자만) : 스스로 자랑하여 거만하게 굶
怠慢(태만) : 게으르고 느림

흩어질 만:	부수 : 水(氵)　총 14 획
漫	물(水→氵)도 날(日)이 밝으면 햇살이 사방으로 퍼지듯 또(又)한 사방으로 흩어지다(漫)

漫談(만:담) : 종잡을 수 없는 이야기　　漫評(만:평) : 체계 없이 생각나는 대로하는 비평
漫筆(만:필) : 붓 가는 대로 생각한 바를 쓴 글　漫畵(만:화) : 붓 가는 대로 그린 그림
浪漫(낭만) : 실현성이 적고 매우 정서적이며 이상적인 상태

꿀 밀:	부수 : 虫　　　총 14 획
蜜	집(宀)을 반드시(必)짓고 사는 벌레(虫)가 벌이며, 벌집에는 꿀(蜜)이 있다

蜜蜂(밀봉) : 꿀벌
蜜月(밀월) : 혼인한 지 한 달 동안

봉황새 봉:	부수 : 鳥　　　총 14 획
鳳	임금 안석(几)뒤에 한(一)마리에 새(鳥)가 봉황새(鳳)이다

썩을 부:	부수 : 肉　　　총 14 획
腐	마을(府)창고에 쌓아 놓은 고기(肉→月)가 관리 소홀로 썩다(腐)

腐敗(부:패) : 썩어서 못 쓰게 됨
豆腐(두부) : 콩으로 만든 음식의 하나
陳腐(진부) : 묵어서 썩음

부세 부:	부수 : 貝　　　총 14 획
賦	곡식도 팔고 조개(貝)도 팔아 호반(武)을 가진 사람을 위해 내라고 정한 것이 부세(賦)다

賦課(부:과) : 세금을 매김　　　　賦金(부:금) : 부과된 돈. 나누어 내는 돈
賦與(부:여) : 나누어 줌　　　　　賦役(부:역) : 조세와 부역(夫役)
詩賦(시부) : 시와 부　　　　　　月賦(월부) : 물건 값 또는 빚을 다달이 나누어 갚아가는 일

3급 배정한자

손 빈	부수 : 貝　　총 14 획
賓	집(宀)으로 한(一) 작은(小→少)아이가 조개(貝)를 사러 오니 손(賓)님이다

賓客(빈객) : 손　　　　　　　　　　　　　　國賓(국빈) : 나라 손님으로 우대를 받는 외국인
貴賓(귀:빈) : 귀한 손님　　　　　　　　　　內賓(내:빈) : 안 손님
來賓(내빈) : 회장, 식장 등에 공식으로 찾아온 손님　　外賓(외:빈) : 외부 또는 외국에서 온 빈객

맛볼 상	부수 : 口　　총 14 획
嘗	오히려(尙) 비수(匕)같은 숟가락으로 맛이 쓴가 단(甘→日)가를 맛보다(嘗)

嘗味(상미) : 맛을 봄

맹세할 서	부수 : 言　　총 14 획
誓	꺾을(折)듯 서로 말씀(言)하여 굳게 맹세하다(誓)

誓文(서:문) : 맹세하는 글　　　　　　　　誓約(서:약) : 맹세함. 약속함
盟誓(맹서) : 신불 앞에서 약속함　　　　　宣誓(선서) : 성실할 것을 맹세함
宣誓文(선서문) : 성실할 것을 맹세한 글

욀 송	부수 : 言　　총 14 획
誦	말씀(言)을 침 꿀꺽삼킬(マ→マ)듯 목을 쓰(用)며 계속하니 글 욀(誦)때다

誦經(송:경) : 경서를 읽음　　　　　　　　誦讀(송:독) : 암송함
誦詩(송:시) : 시를 욈
暗誦(암:송) : 머리 속에 외워 두고 읽음

멀 요	부수 : 辶　　총 14 획
遙	고기(肉→月)를 장군(缶)같은 그릇에 담아 쉬엄쉬엄가(辶)며 멀(遙)리 까지 가지고 가다

遙望(요망) : 멀리서 바라봄

거짓 위	부수 : 人　　총 14 획
僞	사람(亻)이 위장 할(爲)수 있는 행위는 거짓(僞)이다

僞本(위본) : 고인의 이름을 빌거나 고서처럼 위작한 책　　　僞書(위서) : 위본
僞善(위선) : 본심으로 하는 선행이 아니라 표면상으로만 꾸미는 선　　僞裝(위장) : 거짓 꾸밈
僞造(위조) : 진짜처럼 속여 만듦　　僞證(위증) : 감정인등이 법정에서 거짓 증명 하는 일

3급 배정한자

물방울 적	부수 : 水 총 14 획
滴	물(氵)이 서(立→宀)있는 나뭇잎에 멀(冂)리로부터 열(十)사방으로 입(口)처럼 둥근 모양을 하니 물방울(滴)이다

硯滴(연:적) : 벼루에 쓸 물을 담아 두는 그릇

참혹할 참	부수 : 心 총 14 획
慘	아픈 마음(忄)으로 참여하(參)니 슬프고 참혹하다(慘)

慘變(참변) : 참혹한 변고   慘事(참사) : 참혹하거나 비참한 일
慘狀(참상) : 참혹한 상태나 정상   慘敗(참패) 참혹한 실패나 패배
悲慘(비참) : 슬프고도 차마 볼 수 없이 끔찍함   悽慘(처:참) : 슬프고 참혹함

화창할 창:	부수 : 日 총 14 획
暢	납(申)처럼 몸을 펼치듯 아침(旦)해가 싸(勹)고 있던 햇살을 삐치(丿)듯 삐치(丿)듯 비치니 날씨가 화창하다(暢)

暢達(창:달) : 구김살 없이 자라남
暢茂(창:무) : 초목이 무성하게 자라남
和暢(화창) : 날씨나 또는 마음이 온화하고 맑음

막힐 체	부수 : 水 총 14 획
滯	물(氵)흐름이 띠(帶)같은 둑에 막히다(滯)

滯納(체납) : 납세를 지체함   滯念(체념) : 엉긴 마음. 쌓인 마음
滯留(체류) : 머물러 있음   滯拂(체불) : 지급이 연체됨
延滯(연체) : 늦추어 지체함   停滯(정체) : 사물이 한곳에 그쳐서 쌓임

갈마들 체	부수 : 辵 총 14 획
遞	언덕(厂)밑 굴로 범(虎)들이 쉬엄쉬엄가(辶)듯이 어슬렁어슬렁 서로 갈마들다(遞)

遞加(체가) : 차례로 더함   遞減(체감) : 차례로 덜
遞夫(체부) : 우편물을 배달하는 사람   遞信(체신) : 순차적으로 여러 곳을 거쳐서 음신(音信)을 통하는 일
遞增(체증) : 수량이 점차 늚   驛遞(역체) : 역참에서 공문을 전체함

옻 칠	부수 : 水 총 14 획
漆	물(氵)이 나오도록 나무(木)에다 사람(人)이 칼자국을 내 물(氺)을 받는 것이 옻(漆)이다

漆甲(칠갑) : 어떤 물건의 전체에 다른 물질을 칠하여 바름   漆器(칠기) : 옻칠을 한 기물
漆板(칠판) : 분필로 글씨 쓰는 판   漆黑(칠흑) : 옻처럼 검음
黑漆(흑칠) : 검은빛의 옻

3급 배정한자

낳을 탄:	부수 : 言 총 14 획
誕	말씀(言)같지 않은 소리를 늘일(延)정도로 신음하다 여자가 아기를 낳다(誕)

誕生(탄:생) : 출생함　　　　　　　　誕辰(탄:신) : 생일
誕日(탄:일) : 탄신
聖誕節(성:탄절) : 임금이나 귀인·성인이 탄생한날. 크리스마스

빼앗을 탈	부수 : 大 총 14 획
奪	큰(大)새가 작은 새(隹)의 마디(寸)같이 작은 먹이를 빼앗다(奪)

奪還(탈환) : 도로 빼앗음　　　　強奪(강:탈) : 강제로 빼앗음
掠奪(약탈) : 폭력을 써서 무리하게 빼앗음　　爭奪(쟁탈) : 다투어서 빼앗음
侵奪(침탈) : 침범하여 빼앗음

자못 파	부수 : 頁 총 14 획
頗	짐승의 가죽(皮)을 머리(頁)쪽에서부터 한쪽으로 치우쳐가며 자못(頗)벗기다

배부를 포:	부수 : 食 총 14 획
飽	밥(食)을 먹어 배가 물건 싼(包)모양과 같으니 배부르다(飽)

飽滿(포:만) : 먹어서 배가 가득함
飽食(포:식) : 배부르게 먹음
飽和(포:화) : 가득 차서 부족함이 없음

떠다닐 표	부수 : 水 총 14 획
漂	물(氵)위에 표(票)를 하며 물체가 떠다니다(漂)

漂流(표류) : 물에 떠서 흘러감
漂白(표백) : 물에 빨아 바라거나 약품을 써서 희게 함
浮漂(부표) : 물 위에 띄워 두는 표적

벼 도	부수 : 禾 총 15 획
稻	벼(禾)를 손톱(爫)으로 훑어 찧기 위해 절구(臼)에 담은 벼(稻)를 뜻한 자

水稻(수도) : 수답에 심는 벼
早稻(조:도) : 올 벼

3급 배정 한자

살펴알 량	부수 : 言	총 15 획
諒	말씀(言)잘 하는 서울(京)사람들을 잘 살펴알(諒)아 보다	

연꽃 련	부수 : ++	총 15 획
蓮	못 진흙 속에서 풀(++)뿌리가 서로 잇다(連)는 데서 줄기가 자라서 핀 꽃이 연꽃(蓮)이다	

蓮根(연근) : 연뿌리   蓮實(연실) : 연밥
蓮池(연지) : 연못
蓮花(연화) : 연꽃

불쌍히여길 련	부수 : 心	총 15 획
憐	마음(心→忄)속으로 쌀(米)을 구하여 어그러질(舛)정도의 걸음으로 다니는 사람을 불쌍히여기다(憐)	

同病相憐(동병상련) : 처지가 서로 비슷한 사람끼리 서로 동정한다는 뜻
哀憐(애련) : 애처롭고 가엾음
愛憐(애:련) : 어리거나 약한 사람을 도탑게 사랑함

이웃 린	부수 : 阜	총 15 획
隣	언덕(阜→阝)넘어 쌀(米)을 구하러 어그러질(舛)정도의 힘없는 걸음으로 가는 곳이 이웃(隣)이다	

隣家(인가) : 이웃 집   隣國(인국) : 이웃 나라
隣近(인근) : 이웃   隣接(인접) : 이웃함
善隣(선인) : 착한 이웃

저물 모:	부수 : ++	총 15 획
暮	해 모습이 없을(莫)정도로 넘어가니 날(日)이 저물다(暮)	

暮鐘(모:종) : 만종   歲暮(세:모) : 세. 밑
日暮(일모) : 날이 저묾
朝暮(조모) : 아침때와 저녁때

사당 묘:	부수 : 广	총 15 획
廟	집(广)가운데 아침(朝)마다 찾아뵈니 위패를 모신 사당(廟)이다	

廟堂(묘:당) : 종묘   廟議(묘:의) : 묘에 대한 의논
廟主(묘:주) : 사당에 모신 신주
宗廟(종묘) : 역대의 제왕의 위패를 모시는 사당집

3급 배정 한자

먹 묵	부수 : 土　　　총 15 획
墨	검은(黑)그을음을 찰흙(土)처럼 이겨 만든 것이 먹(墨)이다

墨家(묵가) : 묵적의 학파　　　　　　　　　墨客(묵객) : 서예가, 화가, 문인의 총칭
墨妙(묵묘) : 문사의 교묘함　　　　　　　　墨線(묵선) : 먹줄
墨竹(묵죽) : 먹으로 그린 대나무　　　　　墨畫(묵화) : 먹으로 그린 그림

민망할 민	부수 : 心　　　총 15 획
憫	마음(忄)의 문(門)을 닫고 글월(文)을 배우니 보기에 민망하다(憫)

哀憫(애민) : 슬프게 여김
愛憫(애민) : 어리거나 약한 사람을 도탑게 사랑함
憐憫(연민) : 불쌍하고 가련함

소반 반	부수 : 皿　　　총 15 획
盤	일반(般)적으로 그릇(皿)에 음식을 담아 놓아 상이 소반(盤)이다

盤石(반석) : 큰 바위　　　　　　　　　　　骨盤(골반) : 몸 하부에 있는 좌우의 무명골 따위
小盤(소반) : 음식을 놓고 먹는 상　　　　銀盤(은반) : 은으로 만든 밥상
音盤(음반) : 축음기의 레코드 판

무덤 분	부수 : 土　　　총 15 획
墳	흙(土)을 열(十)번 스무(卄)번 여러 차례 쌓아 조개(貝)모양처럼 만든 것이 무덤(墳)이다

墳墓(분묘) : 무덤
古墳(고:분) : 옛날의 무덤
先墳(선분) : 선조의 무덤

줄 사	부수 : 貝　　　총 15 획
賜	조개(貝)를 돈으로 바꾸(易)어 주다(賜)

賜暇讀書(사:가독서) : 조선 때, 임금이 젊음 중신에게 독서할 말미를 줌
賜藥(사:약) : 임금이 독약을 내려 죽게 함　　　　賜田(사:전) : 공신에게 하사한 전지
下賜(하:사) : 썩 높은 사람이 낮은 사람에게 물건을 줌　　厚賜(후:사) : 남에게 금품을 줌

나물 소	부수 : 艹　　　총 15 획
蔬	풀(艹)섶에서 드물(疏)게 캐내는 것이 나물(蔬)이다

蔬食(소식) : 고기반찬이 없는 거친 음식
菜蔬(채:소) : 푸성귀

3급 배정한자

누구 수	부수 : 言　　　총 15 획
誰	말씀(言)을 새(隹)소리 같이 하는 사람이 누구(誰)인가?

誰何(수하) : 누구. 아무개

기러기 안:	부수 : 鳥　　　총 15 획
鴈	언덕(厂)위로 사람(亻)의 모양을 그리며 날아가는 새(鳥)가 기러기(鴈)다

鴈足(안:족) : 기러기 발

볼 열	부수 : 門　　　총 15 획
閱	문(門)안에 여덟(八)동생들의 행동을 형(兄)이 하나하나 살펴 보다(閱)

閱覽(열람) : 내려 훑어 봄　　　　　　閱兵(열병) : 군사를 검열함
檢閱(검열) : 검사하여 열람함　　　　校閱(교:열) : 교정하여 검열함
査閱(사열) : 조사하기 위하여 죽 살펴 봄

날카로울 예:	부수 : 金　　　총 15 획
銳	쇠(金)를 여덟(八)번 이상 새 입(口)모양처럼 어진사람(儿)이 꾸준히 가니 끝이 뾰족하고 날카롭다(銳)

銳角(예:각) : 직각보다 작은 각　　　　銳利(예:리) : 날 연장 따위가 날카롭고 잘 듦
銳敏(예:민) : 날쌔고 민첩함　　　　　銳意(예:의) : 주의를 집중함
尖銳(첨예) : 뾰족하고 날카로움

느릴 완:	부수 : 糸　　　총 15 획
緩	실(糸)을 손톱(爫)끝으로 한(一)곳을 벗(友)과 잡고 당겨도 끌리는 속도가 느리다(緩)

緩急(완:급) : 느긋함과 엄함　　　　　緩慢(완:만) : 움직임이 느릿느릿함
緩衝(완:충) : 충돌을 완화함　　　　　緩行(완:행) : 천천히 감
緩和(완:화) : 느슨하게 함

씨 위	부수 : 糸　　　총 15 획
緯	실(糸)로 다룸가죽(韋)을 서로 꿰매 옷 만드는 실이 씨(緯)실이다

緯度(위도) : 씨도. 지구표면의 위치를 나타내는 데에 쓰는 적도에 평행선을 이루는 좌표
緯書(위서) : 미래의 일 또는 길흉화복을 예언한 책
經緯(경위) : 피륙의 날과 씨

3급 배정한자

나비 접	부수: 虫 총 15획
蝶	벌레(虫)가운데 인간(世)이 사는 밖으로 나온 나무(木)잎처럼 생긴 날개를 가진 것이 나비(蝶)다

蝶夢(접몽) : 호접지몽(胡蝶之夢). 꿈
胡蝶(호접) : 나비
黃蝶(황접) : 노랑나비

우레 진:	부수: 雨 총 15획
震	비(雨)올 때 별똥 별(辰)처럼 빛을 내며 벼락 치는 소리를 내는 것이 우레(震)다

震怒(진:노) : 하늘이 성내는 일   震度(진:도) : 지진 등의 강도를 등급으로 나눈 것
震動(진:동) : 흔들어 움직임   震天動地(진:천동:지) : 하늘을 진동 시키고 땅을 놀라게 함
震幅(진:폭) : 지반의 진동이 지진계에 감촉, 기록되는 그 넓이   地震(지진) : 지각이 요동하는 현상

부끄러울 참	부수: 心 총 15획
慙	수레(車)에 실려 도끼(斤)로 찌는 마음(心)으로 가니 남 보기에 부끄럽다(慙)

慙愧(참괴) : 부끄러워 함
感慙(감참) : 마음에 느끼어 부끄러워 함

옮길 천:	부수: 辶 총 15획
遷	머리를 덮을(襾)수 있는 갓을 쓰고 큰(大) 병부(巳)를 가진 벼슬아치가 쉬엄쉬엄가(辶)며 자리를 옮기다(遷)

遷都(천:도) : 도읍을 옮김   遷善(천:선) : 악한 마음을 고쳐 착하게 됨
遷移(천:이) : 옮김   遷職(천:직) : 직업을 바꿈
孟母三遷(맹:모삼천) : 맹자를 가르치기 위하여 세 번 이사함   變遷(변:천) : 변하여 옮겨짐

떨어질 타:	부수: 土 총 15획
墮	언덕(阜→阝)같이 높은 나뭇가지에 새의 왼(左)쪽 발에 있던 먹이 감인 고기(肉→月)가 땅(土)으로 떨어지다(墮)

墮落(타:락) : 떨어짐

마칠 파:	부수: 网(罒) 총 15획
罷	그물(网→罒)로 능할(能)정도의 실력으로 고기 잡는 것을 마치다(罷)

罷免(파:면) : 직무를 해면 함
罷業(파:업) : 집단적으로 일제히 작업을 중지함
罷職(파:직) : 관직을 파면함   罷陣(파:진) : 군대의 진을 풀어 헤침

3급 배정한자

뿌릴 파(:)	부수 : 手	총 15 획

播 손(扌)으로 밭에다 씨앗을 차례(番)로 뿌리다(播)

播種(파종) : 씨를 뿌림　　　　　　　　　播遷(파천) : 흩어 옮음. 먼 곳으로 유랑함
乾播(건파) : 마른 논에 씨를 뿌림　　　　傳播(전파) : 널리 전하여 퍼뜨림
直播(직파) : 건 파　　　　　　　　　　春播(춘파) : 봄에 씨를 뿌림

엮을 편	부수 : 糸	총 15 획

編 실(糸)로 집(戶)에서 책(冊→冊)을 만들기 위해 엮다(編)

編年體(편년체) : 연대순으로 엮는 역사 편찬의 한 체제　　編物(편물) : 뜨개질
編成(편성) : 책이나 신문 따위를 엮어서 만듦　　　　　　編修(편수) : 의례 등이 정돈되어 바름
編繹(편역) : 편집과 번역　　　　　　　　　　　　　　編入(편입) : 한 동아리에 끼어 들어감

폐할 폐:	부수 : 广	총 15 획

廢 집(广)안에서 필(發)수 있는 것을 막으니 폐하다(廢)

廢家(폐:가) : 버려둔 집　　　　　　　　廢刊(폐:간) : 신문, 잡지 등의 간행을 폐지함
廢鑛(폐:광) : 광산이나 탄광을 폐지함　　廢校(폐:교) : 학교를 폐지함
廢止(폐:지) : 실시하던 제도, 법규 등을 폐하여 그만 둠

화폐 폐:	부수 : 巾	총 15 획

幣 작은(小)것은 멀(冂)리 늘어뜨리고 작게(小) 치(攵)듯 힘써 짜놓은 수건(巾) 같은 헝겊도 화폐(幣)가치가 있다

幣物(폐:물) : 선사하는 물건　　　　　　造幣(조:폐) : 화폐를 만듦
紙幣(지폐) : 강제 통용력이 인정되어 있는 종이로 만든 화폐
貨幣(화:폐) : 사회에 유통하여 교환의 매개, 지불의 수단, 가격의 표준, 축적을 위하여 쓰이는 물건

빛날 휘	부수 : 車	총 15 획

輝 불 빛(光)이 군사(軍)들의 진영에서 멀리까지 빛나다(輝)

光輝(광휘) : 세차게 빛나는 빛
明輝(명휘) : 밝게 빛남. 밝은 빛

강철 강	부수 : 金	총 16 획

鋼 쇠(金)가 그물(罔→罔)을 당길 때 메(山)처럼 둥글게 굽는 것이 강철(鋼)이다

鋼鐵(강철) : 무쇠를 불리어, 더 굳고 인성이 많아지도록 한 쇠　　鋼板(강판) : 강철판. 줄 판
特殊鋼(특수강) : 강철에 특수한 원소를 넣어서 그 성질을 좋게 한 것
製鋼(제강) : 시우쇠를 불리어서 강철을 만듦

3급 배정한자

거북 귀	부수: 龜　　총 16 획
龜	"거북"의 모양을 본뜬 자

龜鑑(귀감) : 삼물의 거울. 본보기　　　龜甲(귀갑) : 거북의 등 껍데기
龜頭(귀두) : 음경의 머리　　　　　　　龜船(귀선) : 거북선
龜裂(균열) : 추위로 손발이 트거나 땅 같은 것이 갈라짐

엿 당	부수: 米　　총 16 획
糖	쌀(米) 사람을 황당할(唐)정도로 단맛 나게 만든 것이 엿(糖)이다

糖類(당류) : 단맛이 나는 물에 녹는 탄수화물의 총칭
糖分(당분) : 어떤 물건에 포함되어 있는 당류의 성분
果糖(과:당) : 감미를 가지고 물에 잘 녹는 환원성의 물질

도타울 독	부수: 竹　　총 16 획
篤	대(竹)나무로 말(馬)만들어 벗과 타니 정이 도탑다(篤)

篤信(독신) : 독실하게 믿음　　　　　　　　篤實(독실) : 인정이 두텁고 일에 충실함
篤志(독지) : 뜻을 오로지 한곳에만 두어 열심히 함　　篤行(독행) : 돈후한 행위
敦篤(돈독) : 인정이 두터움

갈 마	부수: 石　　총 16 획
磨	삼(麻)껍질을 발라서 매끈하게 하듯이 돌(石)을 매끈하게 하기 위해 갈다(磨)

磨滅(마멸) : 닳아 없어짐　　　磨石(마석) : 맷돌
硏磨(연마) : 갈고 닦음　　　　鍊磨(연마) : 노력을 거듭하여 정신이나 기술을 닦음
切磨(절마) : 절차탁마(切磋琢磨)의 준말　　琢磨(탁마) : 옥석을 쪼고 갊

분별할 변:	부수: 辛　　총 16 획
辨	매울(辛)정도로 칼(刀→刂)같은 매운(辛)말로 해서 잘 잘못을 분별하다(辨)

辨理(변:리) : 판별하여 처리함　　　　辨明(변:명) : 시비를 가려 밝힘
辨償(변:상) : 물어줌　　　　　　　　辨濟(변:제) : 빚을 갚음
辨證(변:증) : 변별하여 증명함　　　　論辨(논변) : 논하여 옳고 그름을 변명함

자주 빈	부수: 頁　　총 16 획
頻	걸음(步)을 걸으면서 머리(頁)로 생각을 자주(頻)떠올리다

頻度(빈도) : 잦은 빈도
頻發(빈발) : 자주 생김
頻煩(비번) : 자주. 여러 번

3급 배정한자

사를 소(:)	부수 : 火 총 16 획
燒	불(火)을 흙(土)과 흙(土)처럼 흙(土) 한(一)곳에 쓰레기를 쌓아 놓고 어진사람(儿)이 사르다(燒)

燒却(소:각) : 태워버림　　　　　　　　燒死(소:사) : 불에 타 죽음
燒失(소:실) : 불에 타 없어짐　　　　　燒酒(소:주) : 증류하여 만든 무색투명한 독한 술
燃燒(연소) : 불탐　　　　　　　　　　全燒(전소) : 모두 타 없어짐

주릴 아:	부수 : 食 총 16 획
餓	먹을 밥(食)이 없으니 나(我)는 배를 주리다(我)

餓死(아:사) : 굶어 죽음

뵐 알	부수 : 言 총 16 획
謁	말씀(言)을 가로(曰)들으려고 마음에 싸(勹)있던 사람(人)이 한(一→ㄴ)번 윗사람을 찾아뵈다(謁)

謁聖(알성) : 임금이 성균관 문묘에 참배함　謁聖及第(알성급제) : 알성과에 급제함
謁聖科(알성과) : 조선 때 임금이 알성한 뒤 성균관에서 보이던 과거
謁見(알현) : 임금이나 귀인을 뵙는 일　　拜謁(배알) : 웃어른을 공경하여 봄

제비 연(:)	부수 : 火 총 16 획
燕	머리(廿), 몸(口), 양날개(北), 늘어진꼬리(灬)모양의 먹이를 먹이는 '제비'를 본뜬 자

燕尾服(연미복) : 빛깔은 검고 저고리의 뒷자락이 제비꼬리 모양인 남자용 서양예복에 한가지

낄 옹:	부수 : 手 총 16 획
擁	손(扌)으로 빼기 어렵게 머리부분(亠)이 작을(幺)정도의 새(隹) 그물 구멍에 끼다(擁)

擁立(옹:립) : 옹호하여 세움　　擁壁(옹:벽) : 흙이 토압에 의해 무너지지 않도록 만든 벽체
擁衛(옹:위) : 부축하여 호위함　　擁護(옹:호) : 부축하여 보호함
抱擁(포옹) : 품에 껴안음

엉길 응:	부수 : 冫 총 16 획
凝	얼음(冫)이 어는 것처럼 서로가 의심할(疑)수록 좋지 않은 감정이 점점 엉기다(凝)

凝結(응:결) : 엉김. 기체가 액체로 변하는 것　　凝固(응:고) : 엉기어 굳어짐
凝視(응:시) : 뚫어지게 자세히 봄　　　　　　　凝縮(응:축) : 엉기어 줄어 듦
凝集力(응:집력) : 물질을 구성하고 있는 분자 또는 원자사이에 작용하는 인력

3급 배정한자

담 장	부수 : 土　　총 16 획
墻	땅(土)에 한(一)곳씩 사람(人)과 사람(人)들이 구멍을 뚫고(丨)말뚝 한(一)개씩 박으며 집 주위를 한바퀴 돌아오(回)니 담(墻)치는 것이다

短墻(단:장) : 낮고 작은 담
土墻(토장) : 흙으로 쌓아 만든 담

좇을 준	부수 : 辵　　총 16 획
遵	학식과 덕이 높은(尊)분의 뒤를 쉬엄쉬엄가(辶)며 좇다(遵)

遵據(준:거) : 의거하여 따름　　　遵法(준:법) : 법을 지킴
遵守(준:수) : 좇아 지킴　　　　　遵用(준:용) : 좇아 씀
遵行(준:행) : 좇아 행함

더딜 지	부수 : 辵　　총 16 획
遲	꼬리(尾→尸)를 잡힌 소(牛)가 쉬엄쉬엄가(辵)니 걸음걸이가 더디다(遲)

遲刻(지각) : 정한 시각에 늦음
遲延(지연) : 늦어짐. 지체됨
遲遲不進(지지부진) : 매우 더디어 일이 진척되지 아니함

어긋날 착	부수 : 金　　총 16 획
錯	쇠(金)로 만든 예(昔)물건들이 오래되어 서로 어긋나다(錯)

錯覺(착각) : 외계의 사물을 잘못 자각하는 일　　錯亂(착란) : 뒤섞여 어수선함
錯誤(착오) : 착각으로 인한 잘못　　　　　　　　錯雜(착잡) : 뒤섞임
交錯(교착) : 서로 엇갈리고 얼크러짐

흐릴 탁	부수 : 水　　총 16 획
濁	물(氵)에다 그물(网→罒)에 싼(勹) 벌레(虫)를 넣으니 물이 흐리다(濁)

濁流(탁류) : 탁한 흐름　　　　　　濁水(탁수) : 흐린 물
濁酒(탁주) : 막걸리　　　　　　　　鈍濁(둔:탁) : 둔하고 흐리터분함
汚濁(오:탁) : 더럽고 흐림　　　　　混濁(혼탁) : 맑지 아니하고 흐림

덮을 폐:	부수 : 艹　　총 16 획
蔽	풀(艹)을 작을(小)정도의 양을 멀(冂)리 까지 가져가 작은(小)것들을 안 보이게 치(攵)듯 힘써 덮다(蔽)

隱蔽(은폐) : 덮어 감추거나 가리어 숨김

3급 배정한자

고을 현:	부수: 糸　　　총 16 획
縣	눈(目)으로 보며 한(一→ㄴ)개의 작은(小)것을 이어매(系)듯 사람들이 모여 사니 고을(縣)이다

郡縣(군:현) : 옛날의 지방제도인 주, 부, 군, 현의 총칭

반딧불 형	부수: 虫　　　총 16 획
螢	불(火)과 불(火)빛을 덮여(冖)있는 벌레(虫)뒤쪽에서 내니 반딧불(螢)이다

螢光(형광) : 반딧불
螢雪之功(형설지공) : 애써 공부하는 일

저울대 형	부수: 行　　　총 16 획
衡	자축거릴(彳)듯 뿔(角→角)같이 생긴 큰(大) 나무에 한(一)개의 고무래(丁) 모양처럼 갈고리가 달려 움직이니 저울대(衡)다

衡平(형평) : 균형. 평균　　　　均衡(균형) : 어느 한쪽으로 치우침 없이 쪽고름
度量衡(도:량형) : 길이와 양과 무게
平衡(평형) : 물건을 다는데 저울대가 똑바름

새벽 효:	부수: 日　　　총 16 획
曉	날(日)이 흙(土)과 흙(土)과 흙(土)을 한(一)곳에 사람(儿)이 쌓아 올리듯 밝아오기 시작하니 새벽(曉)이다

曉得(효:득) : 깨달아 앎　　　　曉星(효:성) : 새벽에 보이는 별
曉天(효:천) : 새벽하늘
開曉(개효) : 깨닫도록 잘 타이름

바로잡을 교:	부수: 矢　　　총 17 획
矯	화살(矢)이 삐치(丿)듯 크(大)게 구부러진 것으로 높은(高→高)곳에 쏘기 전에 바로잡다(矯)

矯角殺牛(교각살우) : 뿔을 바로 잡으려다가 소를 죽인다는 뜻
矯正(교정) : 바로잡음

넘칠 람:	부수: 水(氵)　　　총 17 획
濫	그릇 속에 물(氵)을 볼(監) 수 있도록 붓다 보니 넘치다(濫)

濫發(남:발) : 함부로 발행함　　　　濫伐(남:벌) : 나무를 마구 벌채함
濫作(남:작) : 시문 따위를 함부로 지음
濫獲(남:획) : 짐승이나 물고기를 마구 잡음

3급 배정 한자

갚을 상	부수 : 人　　　총 17 획
償	도움 받은 사람(亻)에게 상주(賞)어 보답하며 신세를 갚다(償)

償還(상환) : 빚진 돈을 갚아 줌　　　無償(무상) : 어떤 일에 그 대가를 받지 않음
辨償(변:상) : 치러 물어줌　　　　　報償(보:상) : 남에게서 받은 것
有償(유:상) : 어떤 행위의 결과에 대하여 보상이 있는 일

선 선	부수 : 示　　　총 17 획
禪	보이(示)지 않은 신 앞에서 홀(單)이 되어 마음속으로 참선(禪)하다

禪家(선가) : 참선하는 사람　　　禪敎(선교) : 선종의 가르침
禪道(선도) : 참선하는 도　　　　禪師(선사) : 선종의 고승
禪院(선원) : 참선하는 방　　　　禪宗(선종) : 참선으로 진리를 직관하여 해탈하려는 불교의 한 종파

비록 수	부수 : 隹　　　총 17 획
雖	입(口)으로 벌레(虫)잡는 새(隹)가 비록(雖)작지만 새끼는 잘 기르다

雖然(수연) : 비록 그러하나. …라 하더라도

젖을 습	부수 : 水　　　총 17 획
濕	물(氵)방울이 맑은 날(日)줄에다 실(絲→絲)을 빨아 걸어 놓으니 밑으로 떨어져 땅이 젖다(濕)

濕氣(습기) : 축축한 기운　　　　濕度(습도) : 대기에 들어 있는 수증기의 많고 적음의 정도
濕潤(습윤) : 축축하게 젖음　　　濕地(습지) : 물기가 많은 땅
乾濕(건습) : 건조와 습기　　　　多濕(다습) : 습기가 많음

수레 여:	부수 : 車　　　총 17 획
輿	수레(車)에 절구(臼→臼)를 팔짱끼(廾→六)듯 손 맞잡고 실어 놓은 수레(輿)를 뜻한 자

輿論(여:론) : 여러 사람의 공통된 의견
輿地(여:지) : 수레처럼 만물을 싣고 있는 땅
輿地圖(여:지도) : 세계지도

마를 조	부수 : 火　　　총 17 획
燥	불(火)을 피우니 물건(品)중 나무(木)와 흙으로 만든 것이 잘 마르다(燥)

燥渴症(조갈증) : 물을 자꾸 마셔도 계속 목이 마르는 병
乾燥(건조) : 습기나 물기가 없음

3급 배정한자

천거할 천:	부수 : ++ 총 17 획
薦	약풀(++)과 사슴(鹿→声)의 뿔을 가져다 드리며 새(鳥→灬)처럼 날도록 윗사람에게 천거하다(薦)

薦擧(천:거)) : 사람을 추천함
推薦(추천) : 어떤 조건에 적합한 대상을 책임지고 소개함
追薦(추천) : 죽은 사람에게 공덕을 베풀어 명복을 비는 일

촛불 촉	부수 : 火 총 17 획
燭	불(火)이 그물(网→罒)에 싸(勹)놓은 벌레(虫)가 꿈틀거리듯 넘실거리니 촛불(燭)이다

燭光(촉광) : 등불 빛   燭臺(초대) : 촛대
燭淚(촉루) : 촛농. 초가 녹아내리는 것을 눈물에 비유한 말
華燭(화촉) : 결혼의 예식

귀밝을 총	부수 : 耳 총 17 획
聰	귀(耳)를 삐칠(丿)듯 기울이며 에워싸(口)도 천천히걷(夊)는 것처럼 마음(心)으로 받아드리니 귀밝다(聰)

聰記(총기) : 영리하고 기억력이 좋음
聰氣(총기) : 총명한 기질
聰明(총명) : 귀가 잘 들림과 눈이 잘 보임

추할 추	부수 : 酉 총 17 획
醜	새벽 닭(酉)이 울 때까지 술을 먹고 취해 귀신(鬼)같은 모습이 추하다(醜)

醜女(추녀) : 얼굴이 못생긴 여자   醜物(추물) : 더러운 물건
醜惡(추악) : 용모가 몹시 추함   醜雜(추잡) : 언행이 지저분하고 잡스러움
醜態(추태) : 창피스럽고 보기 흉한 모습   醜行(추행) : 더럽고 부끄러운 행위

씻을 탁	부수 : 水 총 17 획
濯	물(氵)속에다 깃(羽)을 넣고 새(隹)가 씻다(濯)

濯足(탁족) : 발을 씻음
洗濯(세:탁) : 빨래

기러기 홍	부수 : 鳥 총 17 획
鴻	겨울에 강(江)가에 모여드는 새(鳥)가 기러기(鴻)다

鴻毛(홍모) : 기러기 털이란 뜻으로, 아주 가벼이 여기는 사물에 비유

3급 배정한자

삼갈 근:	부수 : 言 총 18 획
謹	말씀(言)을 스무(卄)번씩이나 입(口)으로 두(二)번 거듭 뚫어(ㅣ)지게 한(一) 사람에게 하는 것을 삼가다(謹)

謹啓(근:계) : 삼가 아뢴다는 뜻으로, 편지 서두에 쓰는 말
謹告(근:고) : 삼가 아룀   謹愼(근:신) : 삼감
謹嚴(근:엄) : 삼가고 엄숙함   謹賀(근:하) : 삼가 하례 함

말탈 기	부수 : 馬 총 18 획
騎	말(馬)을 기특할(奇)정도로 다루며 말타다(騎)

騎馬(기마) : 말을 탐. 타는 말   騎兵(기병) : 말 탄 군사
騎士(기사) : 말 탄 무사   騎手(기수) : 말 타는 사람
騎虎之勢(기호지세) : 호랑이를 탄 것처럼, 중도에서 포기 할 수 없는 형세

사냥 렵	부수 : 犬 총 18 획
獵	개(犬→犭)가 내(巛)처럼 털이 숨구멍(囟→囟)있는 곳에 나고, 털(毛→毛)이 몸에 난 짐승을 사냥(獵)하다

獵官(엽관) : 관직을 얻으려고 서로 다툼
獵奇(엽기) : 기이한 사물을 즐겨서 쫓아 다님
獵師(엽사) : 사냥꾼   獵銃(엽총) 사양하는데 쓰이는 총

덮을 복	부수 : 襾 총 18 획
覆	덮을(襾)수 있는 것으로 다시(復) 덮다(覆)

覆蓋(복개) : 덮음   覆面(복면) : 얼굴을 가림
覆沙(복사) : 논밭에 모래가 덮이는 일   覆審(복심) : 다시 조사함
覆土(복토) : 흙을 덮음

쇠사슬 쇄:	부수 : 金 총 18 획
鎖	쇠(金)를 작은(小→⺍) 조개(貝)처럼 만들어 이어 만든 것이 쇠사슬(鎖)이다

鎖骨(쇄:골) : 가슴 위쪽에 수평 방향으로 구부러진 좌우 한 쌍의 어깨뼈
鎖國(쇄:국) : 나라의 문호를 굳게 닫고 외국과의 교제를 트지 아니함
封鎖(봉쇄) : 봉하여 잠금   閉鎖(폐:쇄) : 자물쇠를 꼭 채워 문을 닫음

벼슬 작	부수 : 爫 총 18 획
爵	손톱(爫)처럼 눈(目→罒)뜨고 괘이름(艮)같은 말 한 마디(寸)로 호령하니 벼슬(爵)한 사람이다

爵位(작위) : 관작과 위계
公爵(공작) : 오등작의 첫째 작위
伯爵(백작) : 오등작의 셋째 작위

3급 배정한자

넓힐 확	부수 : 手　　　총 18 획
擴	손(扌)으로 넓을(廣)을 수 있게 넓히다(擴)

擴大(확대) : 늘려서 크게 함
擴散(확산) : 퍼져 흩어짐
擴充(확충) : 넓혀서 충실하게

맬 계:	부수 : 糸　　　총 19 획
繫	수레(車)에다 메(山)처럼 창(殳)을 가득 싣고 실(糸)같은 밧줄로 단단히 매다(繫)

繫留(계:류) : 붙잡아 매어 둠　　　　繫束(계:속) : 묶음. 결박함
繫屬(계:속) : 맴. 또 매임
繫泊(계:박) : 배를 매어 둠

안개 무:	부수 : 雨　　　총 19 획
霧	아주 작은 비(雨)방울이 사방으로 힘쓰(務)듯 몰려 자욱하게 끼는 것이 안개(霧)다

霧散(무:산) : 안개가 흩어짐
五里霧中(오:리무:중) : 멀리 안개 낀 속에서 길을 찾기 어려움과 같이 무슨 일에 대하여 알길 없음을 일컫는 말
雲霧(운무) : 구름과 안개

족보 보:	부수 : 言　　　총 19 획
譜	말씀(言)을 하지 않고 넓게(普) 한 성씨에 대한 항렬로 써 놓은 책이 족보(譜)다

系譜(계:보) : 집안의 혈통이나 계통을 적은 책　樂譜(악보) : 음악의 곡조를 일정한 기초로 써서 나타낸 것
年譜(연보) : 한평생의 지낸 일을 연별 차례대로 간략하게 적은 기록
族譜(족보) : 한족속의 世系(세계)를 적은 책

줄 증	부수 : 貝　　　총 19 획
贈	조개(貝)로 남보다 일찍(曾)장난감을 만들어 애들에게 주다(贈)

贈封(증봉) : 봉호를 내림
贈與(증여) : 선물로 줌

징계할 징	부수 : 心　　　총 19 획
懲	부름(徵)을 받고 온 사람에게 마음(心)속으로 잘못을 뉘우치라고 징계하다(懲)

懲戒(징계) : 허물이나 잘못을 뉘우치도록 경계하고 나무람
懲罰(징벌) : 경계하고 벌함
懲役(징역) : 죄인을 교도소에 가두고 정해진 기간 동안 일을 시키는 일

3급 배정한자

거둘 확	부수 : 禾　　총 19 획
穫	벼(禾)를 풀(++)숲에 있는 새(隹)들이 또(又) 쫄까 거두다(穫)

收穫(수확) : 농작물을 거두어들임

오를 등	부수 : 馬　　총 20 획
騰	배(舟→月)에 타듯 힘이 나누(八)어지지 않게 한(一)번에 큰(大)힘을 주어 말(馬)에 오르다(騰)

騰極(등극) : 즉위함　　　　　　　　騰落(등락) : 물가의 오름과 내림
騰馬(등마) : 발정하여 뛰어 오르는 말　急騰(급등) : 물가나 시세 따위가 갑자기 오름
上騰(상:등) : 물가 등이 오름　　　　暴騰(폭등) : 주가 등이 갑자기 대폭적으로 오름

떠들 소	부수 : 馬　　총 20 획
騷	말(馬)몸에 또(又) 점(丶)과 점(丶)같은 작은 벌레(虫)가 있으니 떠들(騷)듯 소리 지른다

騷動(소동) : 법석을 떪
騷亂(소란) : 마음이 산란함
騷音(소음) : 시끄러운 소리

돌아볼 고	부수 : 頁　　총 21 획
顧	새 집(戶)에 갇혀 있는 작은 새(隹)가 머리(頁)를 돌려 주위를 돌아보다(顧)

顧客(고객) : 영업의 상대로 찾아오는 손님
顧問(고문) : 자문에 응하여 의견을 말함
回顧(회고) : 돌아다 봄

두려워할 구	부수 : 心　　총 21 획
懼	마음(心)과 눈(目)과 눈(目)을 휘둥 그리며 작은 새(隹)가 사람에게 잡힐까 두려워하다(懼)

勇者不懼(용자불구) : 용감한 사람은 두려움이 없다

몰 구	부수 : 馬　　총 21 획
驅	말(馬)을 타고 지경(區)까지 몰다(驅)

驅步(구보) : 뛰어감　　　　　　驅除(구제) : 몰아냄
驅蟲(구충) : 기생충을 없앰
先驅(선구) : 선구자의 준말

3급 배정한자

번역할 번	부수 : 飛　　　총 21 획
翻	차례(番)로 날개를 뒤집으며 새가 날(飛)듯 다른 나라말을 뒤집어 자기나라말로 번역하다(翻)

다스릴 섭	부수 : 手　　　총 21 획
攝	손(扌)으로 뜨거운 것을 만지면 귀(耳), 귀(耳), 귀(耳)를 여러 번 잡다(攝)

攝念(섭념) : 마음을 가다듬음　　　　攝理(섭리) : 대리하여 다스림
攝生(섭생) : 양생함　　　　　　　　攝政(섭정) : 임금을 대리하여 정사를 맡아 함
攝取(섭취) : 양분을 빨아 드림　　　攝行(섭행) : 대리함

뛸 약	부수 : 足　　　총 21 획
躍	발(足→⻊)과 깃(羽)을 펴고 새(隹)가 깡충깡충 뛰다(躍)

躍動(약동) : 생기 있게 움직임　　　　躍進(약진) : 앞으로 뛰어 나감
跳躍(도약) : 뛰어오름　　　　　　　　飛躍(비약) : 높이 뛰어 오름
一躍(일약) : 지위, 등급, 가격 등이 별안간 높이 뛰어오르는 모양　　活躍(활약) : 기운차게 뛰어 다님

훔칠 절	부수 : 穴　　　총 22 획
竊	구멍(穴)을 내고 분별할(釆)수도 점(卜)칠 수도 없는 밤에 덮여(冖)있는 물건을 사람(人)이 발자국(内)내지 않고 훔치다(竊)

竊盜(절도) : 남의 물건을 몰래 훔침
竊視(절시) : 몰래 봄
竊取(절취) : 몰래 훔쳐 가짐

쇠불릴 주:	부수 : 金　　　총 22 획
鑄	쇠(金)로 만든 도구가 목숨(壽)이 다 되어 다시 만들기 위해 쇠불리다(鑄)

鑄工(주:공) : 쇠를 다루는 장인　　　　鑄物(주:물) : 쇠붙이를 녹여 주조한 물건
鑄錢(주:전) : 쇠를 녹여 돈을 만듦　　　鑄造(주:조) : 쇠를 녹여 물건을 만듦
鑄鐵(주:철) : 갓 파낸 철광에서 잡것을 분리시킨 것　　鑄型(주:형) : 물건을 주조하는데 쓰는 골

소금 염	부수 : 鹵　　　총 24 획
鹽	누울(臥→⺶)때 허리 굽히듯 소금(鹵)밭에서 그릇(皿)에 담는 것이 소금(鹽)이다

鹽分(염분) : 소금기　　　　　　　　鹽田(염전) : 염밭
白鹽(백염) : 정제한 흰 소금　　　　食鹽(식염) : 소금
製鹽(제:염) : 소금을 제조함　　　　天日鹽(천일염) : 태양의 열로 만든 소금

부 록

♣ 고사성어 및 사자성어

♣ 뜻이 비슷한 한자

♣ 뜻이 반대・상대되는 한자

♣ 비슷한 뜻의 한자어

♣ 뜻이 반대・상대되는 한자어

♣ 약자

♣ 一字多音語字(일자다음어자)

고사성어 및 사자성어

고사·사자성어	뜻 풀 이
佳人薄命(가인박명)	아름다운 여자는 명이 짧음
刻骨難忘(각골난망)	은혜가 뼈에 새겨져 잊혀지지 않음
角者無齒(각자무치)	뿔이 있는 자는 이가 없다는 뜻으로, 사람이 모든 복을 겸하지 못함을 이름
刻舟求劍(각주구검)	미련하고 융통성이 없음을 비유
敢不生心(감불생심)	감히 생각도 못함
甘言利說(감언이설)	남의 비유에 맞도록 꾸민 달콤한 말과 이로운 조건을 내세워 꾀는 말
甲男乙女(갑남을녀)	갑이란 남자와 을이란 여자의 뜻으로, 평범한 사람들 (유) 張三李四
江湖煙波(강호연파)	호수 위에 안개처럼 보얗게 이는 잔물결
改過遷善(개과천선)	지나간 허물을 고치고 착하게 됨
蓋世之才(개세지재)	일세를 뒤덮을 만한 재주
見利思義(견리사의)	눈앞에 이익이 보일 때, 의리를 생각함 (對) 見危授命(견위수명)
見危授命(견위수명)	국가나 군부(君父)의 위급에 즈음하여서는 목숨을 바침
見物生心(견물생심)	실물을 보고 욕심이 생김
犬馬之勞(견마지로)	임금이나 나라에 충성을 다하는 노력
堅忍不拔(견인불발)	굳게 참고 견뎌 마음을 빼앗기지 않음
結者解之(결자해지)	맺은 자가 풀어야 한다는 뜻으로, 자기가 저지른 일은 자기가 해결해야 한다는 말
結草報恩(결초보은)	죽은 혼령이 되어도 은혜를 잊지 않고 갚음
兼人之勇(겸인지용)	능히 몇 사람을 당해 낼만 한 용기
輕擧妄動(경거망동)	경솔하고 분수없이 행동함
經國濟世(경국제세)	나라를 경륜하고 세상을 구제 함
驚天動地(경천동지)	세상을 몹시 놀라게 함
鷄鳴狗盜(계명구도)	행세하는 사람이 배워서는 아니 될, 천한 기능을 가진 사람
孤立無援(고립무원)	고립되어 구원받을 데가 없음
苦肉之策(고육지책)	적을 속이는 수단으로서 제 몸을 괴롭히는 것도 돌보지 않고 쓰는 계책
苦盡甘來(고진감래)	고생 끝에 즐거움이 옴 (對) 興盡悲來(흥진비래)
孤掌難鳴(고장난명)	혼자서는 일하기 어려움. 또 서로 같으니까 싸움이 된다는 뜻
高枕安眠(고침안면)	베개를 높이 하여 잘 됨. 근심이 없이 편히 잘 잠
曲學阿世(곡학아세)	정도를 벗어난 학문으로 세상 사람에게 아첨함
骨肉相殘(골육상잔)	친족 간에 서로 해치고 죽이고 함
空前絶後(공전절후)	비교할 만한 것이 이전에도 없고 이후에도 없음 (類) 前無後無(전무후무)
過猶不及(과유불급)	정도를 지나침은 미치지 못한 것과 같음
矯角殺牛(교각살우)	결점이나 흠을 고치려다가 수단이 지나쳐 일을 그르침
巧言令色(교언영색)	남의 환심을 사려고 아첨하는 교묘한 말과 보기 좋게 꾸미는 얼굴빛
九曲肝腸(구곡간장)	굽이굽이 깊이 든 마음 속. 깊은 마음 속
口蜜腹劍(구밀복검)	말로는 친한 체하나 속으로 해칠 생각을 가짐

고사성어 및 사자성어

고사·사자성어	뜻 풀 이
九死一生(구사일생)	죽을 고비를 여러 차례 겪고 겨우 살아남
九牛一毛(구우일모)	많은 가운데서 가장 적은 것의 비유
口尙乳臭(구상유취)	말과 하는 것이 아직 어림
群鷄一鶴(군계일학)	평범한 사람 가운데의 뛰어난 사람을 이름
君子不器(군자불기)	그릇이란 제각기 한가지 소용에 맞는 것이나, 덕이 있는 사람은 그렇지 않아, 온갖 방면에 통함을 이름
窮餘之策(궁여지책)	궁박한 끝에 나는 한 계책
窮餘一策(궁여일책)	궁박한 끝에 나는 한 계책
勸善懲惡(권선징악)	착한 일을 권하고 악한 일을 징계함
權謀術數(권모술수)	권모와 술수
權不十年(권불십년)	권세는 10년을 못 간다는 말 (類) 勢不十年 (세불십년)
近墨者黑(근묵자흑)	나쁜 사람과 사귀면 물들기 쉽다는 말
近朱者赤(근주자적)	나쁜 사람과 사귀면 물들기 쉽다는 말
金蘭之交(금란지교)	극히 친한 사이
錦上添花(금상첨화)	좋은 일에 또 좋은 일이 더함
今昔之感(금석지감)	지금과 옛적을 비교해 생각할 때, 그 차이가 심함을 보고 느끼는 점
金城湯池(금성탕지)	방비가 아주 견고한 성
錦衣夜行(금의야행)	'비단 옷을 입고 밤에 간다'는 뜻 <아무 보람이 없는 행동>
錦衣玉食(금의옥식)	호화롭고 사치스런 의식 (類) 好衣好食
錦衣還鄕(금의환향)	출세하여 고향에 돌아옴
金枝玉葉(금지옥엽)	임금의 자손이나 집안. 귀여운 자손
起死回生(기사회생)	중병으로 죽을 뻔하다가 살아나 회복함
奇想天外(기상천외)	보통 사람이 생각할 수 없는 엉뚱한 생각
難攻不落(난공불락)	공격하기가 어려워 좀처럼 함락되지 않음
亂臣賊子(난신적자)	나라를 어지럽게 하는 무리와 부모를 해치는 아들
難兄難弟(난형난제)	누구를 형이라 아우라 하기가 어렵다 (類) 莫上莫下(막상막하)
內柔外剛(내유외강)	사실은 마음이 약한데도, 외부에 나타난 태도는 강하게 보임
怒甲移乙(노갑이을)	어떤 사람에게서 당한 노여움을 다른 사람에게 화풀이함
怒發大發(노발대발)	몹시 노함. 대단히 성을 냄
累卵之危(누란지위)	알을 쌓아 둔 것처럼 위태로움
多多益善(다다익선)	많으면 많을수록 더욱 좋음
單刀直入(단도직입)	요점을 바로 풀이하여 들어감
斷金之交(단금지교)	정의가 두터운 벗 간의 교분
堂狗風月(당구풍월)	무식한 사람도 유식한 사람 틈에 있으면 다소 유식해짐
大驚失色(대경실색)	크게 놀라 얼굴색이 변함
大器晩成(대기만성)	크게 될 사람은 늦게 이루어짐

고사성어 및 사자성어

고사·사자성어	뜻 풀 이
大同小異(대동소이)	거의 같고 조금 다름
德必有隣(덕필유린)	덕을 쌓은 사람은 외롭지 아니하고 반드시 이웃이 있다는 말
獨不將軍(독불장군)	따돌림을 받는 외로운 사람. 무엇이나 혼자 처리하는 사람
同價紅裳(동가홍상)	'같은 값이면 다홍치마' 의 뜻으로, 같은 값이면 품질이 좋은 것을 택한다는 말
東問西答(동문서답)	묻는 말에 당치도 않는 대답을 함
東奔西走(동분서주)	이리저리 바삐 다님
同病相憐(동병상련)	같은 병의 환자끼리 서로 가엽게 여김. 어려운 사람끼리 동정하고 도움
同床異夢(동상이몽)	기거를 함께 하면서 서로 다른 생각을 함
登高自卑(등고자비)	지위가 높아질수록 스스로를 낮춤
燈下不明(등하불명)	'등잔 밑이 어둡다'는 뜻으로 가까이 있는 것이 도리어 알아내기 어려움을 이르는 말
馬耳東風(마이동풍)	'가을밤은 등불을 가까이 하여 글 읽기에 심기가 좋다'는 말
莫上莫下(막상막하)	우열의 차가 없음
莫逆之友(막역지우)	아주 허물이 없는 벗. (類) 水魚之交(수어지교)
亡羊之歎(망양지탄)	갈래진 길에서 양을 잃고 탄식한다는 뜻으로, 학문의 길도 여러 갈래라 길을 잡기 어렵다는 말
孟母斷機(맹모단기)	맹자의 어머니가 아들이 학업을 중단하고 돌아왔을 때, 짜던 베를 칼로 잘라서 훈계한 고사
孟母三遷(맹모삼천)	맹자의 어머니가 맹자를 가르치기 위해 세 번 이사했다는 고사
面從腹背(면종복배)	표면으로는 복종하는 체하면서 내심(內心)으로는 배반함
明鏡止水(명경지수)	맑은 거울과 조용한 물. 맑고 고요한 심경을 이름
目不識丁(목불식정)	글자를 한 자도 모름. 아주 무식함
武陵桃源(무릉도원)	신선이 살았다는 전설적인 중국의 명승지
文房四友(문방사우)	종이, 붓, 먹, 벼루의 네 친구
門前成市(문전성시)	구세가나 부자가 되어 집 앞이 방문객으로 저자를 이루다시피 함
勿失好機(물실호기)	좋은 기회를 놓치지 않음
博覽强記(박람강기)	많은 글을 읽고 기억을 잘 함 (類) 博學多識(박학다식)
博學多識(박학다식)	많은 글을 읽고 기억을 잘 함
拔本塞源(발본색원)	폐단의 근원을 아주 뽑아서 없애버림
拔山蓋世(발산개세)	용맹함이 천하를 으뜸가는 것
傍若無人(방약무인)	제 세상인 듯이 함부로 버릇없이 행동하는 모양
背水之陣(배수지진)	물을 등지고 치는 진법의 하나. 목숨을 걸고 싸우는 경우의 비유
百家爭鳴(백가쟁명)	많은 학자, 문화인 등의 활발한 논쟁
百計無策(백계무책)	있는 꾀를 다 써 봐도 별 수 없음
百年河淸(백년하청)	아무리 오래 되어도 사물이 이루어지기 어렵다는 것
白面書生(백면서생)	글만 읽고 세상일에 경험이 없는 사람
百發百中(백발백중)	총, 활 등이 겨눈 곳에 꼭꼭 맞음. 앞서 생각한 일들이 꼭꼭 들어맞음
百折不屈(백절불굴)	수없이 꺾어도 굽히지 않음

고사성어 및 사자성어

고사·사자성어	뜻 풀 이
伯仲之間(백중지간)	서로 어금 버금 맞서는 사이라는 뜻으로 우열을 가리기 어렵다는 말
不知其數(부지기수)	너무 많아서 그 수효를 알 수가 없음
附和雷同(부화뇌동)	일정한 견식이 없이 남의 말에 찬성해 같이 행동함
北窓三友(북창삼우)	'거문고, 술, 시'의 일컬음
貧者一燈(빈자일등)	가난한 사람이 어려운 가운데서 정성 들여 신불에게 바치는 불
死生決斷(사생결단)	죽고 삶을 돌보지 않고 끝장을 냄
事必歸正(사필귀정)	만사는 반드시 정리(正理)로 돌아감
山紫水明(산자수명)	산수의 경치가 썩 좋음
森羅萬象(삼라만상)	우주 사이에 벌려 있는 수많은 현상
殺身成仁(살신성인)	절개를 지켜 목숨을 버림
三旬九食(삼순구식)	서른 날에 아홉 끼니 먹음 <몹시 가난함>
三遷之敎(삼천지교)	맹자의 어머니가 맹자를 가르치기 위해 집을 세 번 옮긴 일
桑田碧海(상전벽해)	세상일이 덧없이 변천함이 심함을 비유하는 일
塞翁之馬(새옹지마)	모든 것이 전전하여 무상하므로 인생의 길흉, 화복을 예측할 수 없다는 뜻
生不如死(생불여사)	삶이 죽음만 같지 못하다는 뜻으로 몹시 곤란을 당하고 있음의 비유
生而知之(생이지지)	배우지 않아도 스스로 통해서 앎
先見之明(선견지명)	일을 미리 짐작하는 밝은 지혜
雪上加霜(설상가상)	불행이 덮친 데 덮쳐 일어남
說往說來(설왕설래)	서로 변론하여 말로 옥신각신 함
勢不十年(세불십년)	권세는 10년을 못 간다는 말
騷人墨客(소인묵객)	시문과 서화를 일삼는 사람
首丘初心(수구초심)	고향을 그리워하는 마음을 일컫는 말
手不釋卷(수불석권)	손에서 책을 놓지 않고 늘 글을 읽음
水魚之交(수어지교)	아주 친밀하여 떨어질 수 없는 사이
守株待兎(수주대토)	변통성이 없이 어리석게 고집하여 지키기만 함
壽則多辱(수즉다욕)	오래 살면 욕됨이 많음
宿虎衝鼻(숙호충비)	잠자는 호랑이의 코를 찌름에서 자기 스스로가 불리를 꾀함의 비유
脣亡齒寒(순망치한)	가까운 사이의 하나의 망하면 다른 한 편도 온전하기 어려움의 비유
視死如生(시사여생)	죽음을 삶과 같이 보아 두려워하지 아니함
是是非非(시시비비)	공평무사하게 옳은 것은 옳다고 찬성하고 그른 것은 그르다고 반대함
識字憂患(식자우환)	글자를 아는 것이 도리어 근심을 사게 된다는 말
信賞必罰(신상필벌)	상벌을 공정, 엄중히 하는 일
身言書判(신언서판)	갖추어야 할 네 가지 조건. 곧, 신수, 말씨, 문필, 판단력
神出鬼沒(신출귀몰)	자유자재로 출몰하여 그 변화를 헤아릴 수 없음
實事求是(실사구시)	사실에 토대를 두어 진리를 탐구하는 일

고사성어 및 사자성어

고사·사자성어	뜻 풀 이
我田引水(아전인수)	제게 이롭게만 함
安居危思(안거위사)	평안 할 때에 어려움이 닥칠 것을 잊지 말고 미리 대비해야 함
安分知足(안분지족)	편안한 마음으로 제 분수를 지키며 만족함을 앎
安貧樂道(안빈낙도)	구차한 중에도 편안한 마음으로 도를 즐김
安心立命(안심입명)	안심에 의하여 몸을 천명에 맡기고 생사 이해에 당면하여 태연함
弱肉强食(약육강식)	약한 자는 강한 자에게 먹힘
羊頭狗肉(양두구육)	겉으론 훌륭하게 내세우나 속은 변변찮음
梁上君子(양상군자)	도둑. 쥐
漁父之利(어부지리)	쌍방이 다투는 틈을 타서 제삼자가 애쓰지 않고 가로 챈 이득
抑强扶弱(억강부약)	강자를 억제하고 약자를 도와 줌
言語道斷(언어도단)	어이가 없어 이루 말로 나타낼 수 없음을 이르는 말
如履薄氷(여리박빙)	살얼음을 밟는 듯함. 매우 위태로움
如出一口(여출일구)	여러 사람이 다 같은 말을 함 (類) 異口同聲(이구동성)
易地思之(역지사지)	처지를 바꾸어 생각함
緣木求魚(연목구어)	나무에 올라 고기를 구하듯 불가능한 일을 하려 함
炎凉世態(염량세태)	세력 있을 때는 붙잡고 권세가 없어지면 푸대접하는 세속 인심
五車之書(오거지서)	다섯 수레에 실을 만한 많은 책. 곧 많은 장서
五里霧中(오리무중)	무슨 일에 대해 알 길이 없음의 비유
吾鼻三尺(오비삼척)	내 코가 석 자다. 곧 내 사정이 급해서 남을 돌볼 겨를이 없음
烏飛梨落(오비이락)	우연한 일로 남의 혐의를 받다
烏合之卒(오합지졸)	갑자기 모인 훈련 없는 군사
烏合之衆(오합지중)	규율도 통일성도 없는 군중
溫故知新(온고지신)	옛 것을 연구해 새 지식이나 견해를 폄
外柔內剛(외유내강)	성질이 겉으로 보기에는 순하고 부드러운 것 같으나 속은 꿋꿋하고 곧음
樂山樂水(요산요수)	산을 좋아하고 물을 좋아 함. 곧 산수 자연을 좋아함
龍頭蛇尾(용두사미)	처음은 좋으나 끝이 좋지 않음을 비유
龍尾鳳湯(용미봉탕)	맛이 매우 좋은 음식을 가리키는 말
牛耳讀經(우이독경)	가르치고 일러 주어도 알아듣지 못함
雲泥之差(운니지차)	썩 심한 차이를 이르는 말
危機一髮(위기일발)	조금도 여유가 없이 아슬아슬하게 닥친 위기의 순간
類類相從(유유상종)	도유끼리 서로 내왕하며 사귐
悠悠自適(유유자적)	속세를 떠나 아무 속박 없이 자기 멋대로 마음을 편히 삶
遺臭萬年(유취만년)	더러운 이름을 먼 장래에 까지 끼침
隱忍自重(은인자중)	마음속으로 참으며 몸가짐을 조심함 (對) 輕擧妄動(경거망동)
異口同聲(이구동성)	여러 사람의 말이 한결 같음

고 사 성 어 및 사 자 성 어

고사·사자성어	뜻 풀 이
以卵擊石(이란격석)	약한 것으로 강한 것을 당해 내려는 일의 비유 (類) 以卵投石(이란투석)
以卵投石(이란투석)	약한 것으로 강한 것을 당해 내려는 일의 비유
以心傳心(이심전심)	마음에서 마음으로 전달 됨
人面獸心(인면수심)	마음과 행동이 몹시 흉악함
人死留名(인사유명)	그 삶이 헛되지 않으면 방명(芳名)은 길이 남는다는 말 (對) 虎死留皮(호사유피)
一擧兩得(일거양득)	한 가지 일을 하여 두 가지 이익을 거둠 (類) 一石二鳥(일석이조)
一石二鳥(일석이조)	한 가지 일을 하여 두 가지 이익을 거둠
一刻千金(일각천금)	잠깐 동안도 귀중하기가 천금과 같음
日久月深(일구월심)	날이 오래고 달이 깊어 감
一刀兩斷(일도양단)	칼로 쳐서 두 동강이를 내듯이 사물을 선뜻 결정함
一蓮托生(일련탁생)	좋든 나쁘든 행동, 운명을 같이함
一罰百戒(일벌백계)	한 사람이나 한 가지 죄과를 벌줌으로써 여러 사람을 경계함
一魚濁水(일어탁수)	한 사람의 잘못으로 여러 사람이 그 해를 입게 됨의 비유
一以貫之(일이관지)	한 이치로써 모든 일을 꿰뚫음
一日三秋(일일삼추)	하루가 삼년 같다는 뜻으로 매우 지루하거나 몹시 애태우며 기다림의 비유
一日如三秋(일일여삼추)	하루가 삼년 같음. 곧, 몹시 애태우며 기다림
一衣帶水(일의대수)	한 줄기의 띠와 같은 좁은 강물이나 바닷물 (類) 指呼之間
一日之長(일일지장)	하루 먼저 세상에 태어났다는 뜻으로 나이가 약간 위가 되는 일. 조금 나음
一長一短(일장일단)	장점도 있고 단점도 있음
一場春夢(일장춘몽)	한바탕의 봄꿈처럼 헛된 영화
日就月將(일취월장)	날로 달로 진보함
一片丹心(일편단심)	한 조각 붉은 마음. 곧, 한결같은 참된 정성
臨機應變(임기응변)	그 때 그 때 그 시기에 임하여 적당히 일을 처리함
立身揚名(입신양명)	출세하여 세상에 이름을 드날림
自激之心(자격지심)	제가 한 일에 대해 제 스스로 미흡하게 여기는 마음
自業自得(자업자득)	제가 저지른 일의 과보를 제가 받음
自中之亂(자중지란)	자기네 패속에서 일어나는 싸움질
自暴自棄(자포자기)	실망, 불만 등 때문에 스스로 자기의 형편, 정도를 파괴하고 돌보지 않음
自畵自讚(자화자찬)	자기가 그린 그림을 스스로 칭찬함. 제 일을 제가 칭찬함
積土成山(적토성산)	흙이 쌓여 산이 된다는 말로, 작은 것도 많이 모이면 커진다는 말
電光石火(전광석화)	극히 짧은 시간. 아주 신속한 동작
前無後無(전무후무)	전에도 없었고 앞으로도 없음
轉禍爲福(전화위복)	재화가 바뀌어 오히려 복이 됨
切齒腐心(절치부심)	몹시 분하여 이를 갈고 속을 썩임
頂門一鍼(정문일침)	따끔한 충고를 이르는 말

고 사 성 어 및 사 자 성 어

고사·사자성어	뜻 풀 이
朝三暮四(조삼모사)	간사한 꾀로 남을 속여 희롱함을 이르는 말
鳥足之血(조족지혈)	새 발의 피. 극히 적은 분량의 비유
足脫不及(족탈불급)	맨발로 따라가지 못한다는 뜻으로 능력, 역량, 재질 따위의 차이가 뚜렷함을 이르는 말
存亡之秋(존망지추)	존재하느냐 멸망하느냐의 절박한 때
種豆得豆(종두득두)	콩을 심어 콩을 거둔다는 말. 원인에는 그에 따른 결과가 온다는 뜻
左之右之(좌지우지)	제 마음대로 처리함. 남을 마음대로 지휘함
左衝右突(좌충우돌)	이리저리 찌르고 다닥뜨림
晝耕夜讀(주경야독)	낮에는 농사짓고 밤에는 글을 읽음
走馬看山(주마간산)	바쁘고 어수선하여 되는 대로 휙휙 지나쳐 봄의 비유
酒池肉林(주지육림)	호사스런 술잔치
竹馬故友(죽마고우)	어렸을 때부터의 친한 벗 (類) 竹馬舊友(죽마구우)
衆寡不敵(중과부적)	적은 수효가 많은 수효를 대적하지 못함
衆口難防(중구난방)	뭇사람의 말을 이루 막기가 어려움
知己之友(지기지우)	서로 마음이 통하는 벗
指鹿爲馬(지록위마)	윗사람을 농락하여 권세를 마음대로 하는 것을 가리키는 말
支離滅裂(지리멸렬)	갈가리 흩어지고 찢기어 갈피를 잡을 수 없이 됨
知命之年(지명지년)	50세를 이름. 공자가 15세에 학문에 뜻을 두었다는 데에 연유 한다
指呼之間(지호지간)	손짓 해 부를 만한 가까운 거리
志學之年(지학지년)	15세를 이름. 공자가 15세에 학문에 뜻을 두었다는 데에 연유 한다
進退維谷(진퇴유곡)	앞으로 나아갈 수도, 뒤로 물러날 수도 없이, 꼼짝할 수 없는 궁지에 빠짐
進退兩難(진퇴양난)	앞으로 나아갈 수도, 뒤로 물러날 수도 없이, 꼼짝할 수 없는 궁지에 빠짐
滄海一粟(창해일속)	광대한 것 속의 극히 작은 물건
天高馬肥(천고마비)	하늘이 높고 말이 살찐다는 뜻으로, 가을이 썩 좋은 절기임을 일컫는 말
千慮一得(천려일득)	어리석은 사람도 많은 생각 가운데는 한 가지 쯤 좋은 생각이 미칠 수 있다는 말
千慮一失(천려일실)	지혜로운 사람도 많은 생각 가운데에 혹간 실책이 있을 수 있다는 말
天壤之差(천양지차)	하늘과 땅 사이와 같이 엄청난 차이
天壤之判(천양지판)	하늘과 땅 사이. 곧, 사물이 서로 엄청나게 다름을 일컫는 말
千載一遇(천재일우)	좀처럼 만나기 어려운 기회
靑出於藍(청출어람)	제자가 스승 보다 나음을 일컫는 말
草綠同色(초록동색)	동류끼리 어울린다는 뜻. 이름은 다르나 따지고 보면 한 가지 것이라는 뜻
寸鐵殺人(촌철살인)	간단한 경구(警句)로 어떤 일의 급소를 찔러 사람을 감동시킴의 비유
秋風落葉(추풍낙엽)	세력 등이 낙엽처럼 시들어 우수수 떨어짐의 비유
出藍之譽(출람지예)	제자가 스승 보다 나음을 일컫는 말
出將入相(출장입상)	나가서는 장수가 되고 들어와서는 재상이 됨
忠言逆耳(충언역이)	충직한 말은 귀에 거슬려 불쾌함

고사성어 및 사자성어

고사·사자성어	뜻 풀 이
醉生夢死(취생몽사)	아무 의미 없이, 이룬 일도 없이 한평생을 흐리멍텅하게 살아감
置之度外(치지도외)	내버려두고, 문제로 삼지 않음. 도외시하여 내버려둠
快刀亂麻(쾌도난마)	어지럽게 뒤섞인 사물을 명쾌하게 처단함의 비유
他山之石(타산지석)	다른 사람의 하찮은 언행일지라도 자기의 지덕을 연마하는데 도움이 된다는 말
卓上空論(탁상공론)	실천성이 없는 허황한 이론
貪官汚吏(탐관오리)	욕심이 많고 부정하게 재물을 탐하는 관리
泰山北斗(태산북두)	태산과 북두성. 세상 사람으로부터 가장 존경을 받는 사람
破邪顯正(파사현정)	사도를 깨뜨리고 정도를 나타내는 일
破顔大笑(파안대소)	얼굴빛을 부드럽게 하여 크게 웃음
破竹之勢(파죽지세)	대적을 거침없이 물리치고 쳐들어가는 당당한 기세
八方美人(팔방미인)	어느 모로 보나 아름다운 여인
抱腹絶倒(포복절도)	너무 우스워 배를 안고 몸을 가누지 못할 만큼 웃음
布衣之交(포의지교)	선비일 때 사귄 벗
風樹之嘆(풍수지탄)	효도하고자할 때에 이미 부모는 죽고 효행을 다하지 못하는 슬픔
風前燈火(풍전등화)	매우 위급한 자리에 놓여 있음을 가리키는 말
何待歲月(하대세월)	백년하청(百年河淸)
鶴首苦待(학수고대)	몹시 기다림
咸興差使(함흥차사)	가서 깜깜 무소식이거나 또는 회답이 더딜 때의 비유
恒茶飯事(항다반사)	예사로운 일. 일상 있는 일
虛張聲勢(허장성세)	실속 없이 허세만 떠벌림
軒軒丈夫(헌헌장부)	외모가 준수하고 한가로운 사람
浩然之氣(호연지기)	하늘과 땅 사이에 넘치게 가득 찬, 넓고도 큰 원기
虎死留皮(호사유피)	호랑이는 죽어서 모피를 남긴다는 뜻
好衣好食(호의호식)	좋은 옷과 좋은 음식. 잘 입고 잘 먹음
昏定晨省(혼정신성)	조석으로 부모의 안부를 물어서 살핌
紅爐點雪(홍로점설)	단 화로에 눈 한 송이. 곧, 크나큰 일에 적은 힘이 아무 보람이 없음의 비유
畵蛇添足(화사첨족)	쓸데없는 군일을 하다가 도리어 실패함
花朝月夕(화조월석)	꽃 피는 아침과 달뜨는 저녁. 곧, 경치가 좋은 때
會者定離(회자정리)	만나는 자는 반드시 헤어질 운명에 있음
興亡盛衰(흥망성쇠)	흥하고 망하고 성하고 쇠함
興盡悲來(흥진비래)	즐거운 일이 다하면 슬픈 일이 닥쳐온다는 뜻으로, 세상이 돌고 돌아 순환됨을 가리키는 말

類義字(유의자)

覺悟(각오)	康健(강건)	恭敬(공경)	貢獻(공헌)	觀察(관찰)
貫通(관통)	饑餓(기아)	敦篤(돈독)	勉勵(면려)	滅亡(멸망)
茂盛(무성)	返還(반환)	附屬(부속)	扶助(부조)	墳墓(분묘)
釋放(석방)	洗濯(세탁)	尋訪(심방)	連絡(연락)	英特(영특)
憂愁(우수)	怨恨(원한)	隆盛(융성)	隆昌(융창)	仁慈(인자)
慈愛(자애)	淨潔(정결)	終了(종료)	俊傑(준걸)	俊秀(준수)
中央(중앙)	倉庫(창고)	菜蔬(채소)	尺度(척도)	淸凉(청량)
淸淨(청정)	層階(층계)	捕獲(포획)	畢竟(필경)	恒常(항상)
和睦(화목)	皇帝(황제)			

反對字(반대자)·相對字(상대자)

干↔戈(간과)	乾↔坤(건곤)	乾↔濕(건습)	慶↔弔(경조)
經↔緯(경위)	姑↔婦(고부)	勤↔怠(근태)	濃↔淡(농담)
旦↔夕(단석)	貸↔借(대차)	矛↔盾(모순)	美↔醜(미추)
腹↔背(복배)	夫↔妻(부처)	浮↔沈(부침)	盛↔衰(성쇠)
疏↔密(소밀)	首↔尾(수미)	需↔給(수급)	昇↔降(승강)
伸↔縮(신축)	深↔淺(심천)	安↔危(안위)	愛↔憎·惡(애증·오)
哀↔歡(애환)	抑↔揚(억양)	榮↔辱(영욕)	緩↔急(완급)
優↔劣(우열)	隱↔見·現·顯(은견·현·현)	任↔免(임면)	雌↔雄(자웅)
長幼(장유)	田↔畓(전답)	早↔晚(조만)	尊↔卑(존비)
存↔亡·廢(존망·폐)	縱↔橫(종횡)	衆↔寡(중과)	眞↔僞(진위)
贊↔反(찬반)	添↔削(첨삭)	晴↔雨(청우)	出↔沒(출몰)
親↔疎(친소)	表↔裏(표리)	彼↔我·此(피아·차)	賢↔愚(현우)
好↔惡(호오)	禍↔福(화복)	厚↔薄(후박)	

類義語(유의어)

共鳴(공명) - 首肯(수긍)	饑死(기사) - 餓死(아사)	九泉(구천) - 黃泉(황천)
背恩(배은) - 忘德(망덕)	視野(시야) - 眼界(안계)視界(시계)	始祖(시조) - 鼻祖(비조)
領土(영토) - 版圖(판도)	殃禍(앙화) - 災禍(재화)災殃(재앙)	威脅(위협) - 脅迫(협박)
一毫(일호) - 秋毫(추호)	蒼空(창공) - 碧空(벽공)	天地(천지) - 乾坤(건곤)
招待(초대) - 招請(초청)	寸土(촌토) - 尺土(척토)	漂迫(표박) - 流離(유리)
海外(해외) - 異域(이역)	戲弄(희롱) - 弄絡(농락)	

反對語(반대어)·相對語(상대어)

可決(가결) - 否決(부결)	架空(가공) - 實在(실재)	加熱(가열) - 冷却(냉각)
却下(각하) - 受理(수리)	剛健(강건) - 柔弱(유약)	强硬(강경) - 柔和(유화)
開放(개방) - 閉鎖(폐쇄)	感情(감정) - 理性(이성)	個別(개별) - 全體(전체)
客觀(객관) - 主觀(주관)	客體(객체) - 主體(주체)	巨大(거대) - 微小(미소)
巨富(거부) - 極貧(극빈)	拒絶(거절) - 承諾(승낙)	建設(건설) - 破壞(파괴)
乾燥(건조) - 濕潤(습윤)	傑作(걸작) - 拙作(졸작)	儉約(검약) - 浪費(낭비)
輕減(경감) - 加重(가중)	經度(경도) - 緯度(위도)	輕率(경솔) - 愼重(신중)
輕視(경시) - 重視(중시)	高雅(고아) - 卑俗(비속)	固定(고정) - 流動(유동)
高調(고조) - 低調(저조)	供給(공급) - 需要(수요)	空想(공상) - 現實(현실)
官尊(관존) - 民卑(민비)	光明(광명) - 暗黑(암흑)	巧妙(교묘) - 拙劣(졸렬)
拘禁(구금) - 釋放(석방)	拘束(구속) - 放免(방면)	求心(구심) - 遠心(원심)
君子(군자) - 小人(소인)	屈服(굴복) - 抵抗(저항)	權利(권리) - 義務(의무)
僅少(근소) - 過多(과다)	急性(급성) - 慢性(만성)	急行(급행) - 緩行(완행)
肯定(긍정) - 否定(부정)	旣決(기결) - 未決(미결)	奇拔(기발) - 平凡(평범)
奇數(기수) - 偶數(우수)	饑餓(기아) - 飽食(포식)	緊密(긴밀) - 疏遠(소원)
吉兆(길조) - 凶兆(흉조)	樂觀(낙관) - 悲觀(비관)	落第(낙제) - 及第(급제)
暖流(난류) - 寒流(한류)	濫讀(남독) - 精讀(정독)	濫用(남용) - 節約(절약)
朗讀(낭독) - 默讀(묵독)	內容(내용) - 形式(형식)	老鍊(노련) - 未熟(미숙)
濃厚(농후) - 稀薄(희박)	能動(능동) - 被動(피동)	多元(다원) - 一元(일원)
單純(단순) - 複雜(복잡)	單式(단식) - 複式(복식)	短縮(단축) - 延長(연장)
大乘(대승) - 小乘(소승)	對話(대화) - 獨白(독백)	都心(도심) - 郊外(교외)
獨創(독창) - 模倣(모방)	動機(동기) - 結果(결과)	登場(등장) - 退場(퇴장)
漠然(막연) - 確認(확인)	忘却(망각) - 記憶(기억)	滅亡(멸망) - 隆興(융흥)

名譽(명예) - 恥辱(치욕)	無能(무능) - 有能(유능)	物質(물질) - 精神(정신)
微官(미관) - 顯官(현관)	敏速(민속) - 遲鈍(지둔)	密集(밀집) - 散在(산재)
反抗(반항) - 服從(복종)	放心(방심) - 操心(조심)	背恩(배은) - 報恩(보은)
白髮(백발) - 紅顔(홍안)	凡人(범인) - 超人(초인)	別居(별거) - 同居(동거)
保守(보수) - 進步(진보)	本業(본업) - 副業(부업)	富貴(부귀) - 貧賤(빈천)
富裕(부유) - 貧窮(빈궁)	否認(부인) - 是認(시인)	紛爭(분쟁) - 和解(화해)
不運(불운) - 幸運(행운)	非番(비번) - 當番(당번)	非凡(비범) - 平凡(평범)
悲哀(비애) - 歡喜(환희)	死後(사후) - 生前(생전)	削減(삭감) - 添加(첨가)
散文(산문) - 韻文(운문)	喪失(상실) - 獲得(획득)	詳述(상술) - 略述(약술)
生家(생가) - 養家(양가)	生食(생식) - 火食(화식)	先天(선천) - 後天(후천)
成熟(성숙) - 未熟(미숙)	消極(소극) - 積極(적극)	所得(소득) - 損失(손실)
疏遠(소원) - 親近(친근)	順行(순행) - 逆行(역행)	靈魂(영혼) - 肉體(육체)
連敗(연패) - 連勝(연승)	偶然(우연) - 必然(필연)	恩惠(은혜) - 怨恨(원한)
依他(의타) - 自立(자립)	異端(이단) - 正統(정통)	人爲(인위) - 自然(자연)
立體(입체) - 平面(평면)	自動(자동) - 他動(타동)	自律(자율) - 他律(타율)
自意(자의) - 他意(타의)	低俗(저속) - 高尚(고상)	敵對(적대) - 友好(우호)
絶對(절대) - 相對(상대)	漸進(점진) - 急進(급진)	靜肅(정숙) - 騷亂(소란)
正午(정오) - 子正(자정)	定着(정착) - 漂流(표류)	弔客(조객) - 賀客(하객)
直系(직계) - 傍系(방계)	眞實(진실) - 虛僞(허위)	質疑(질의) - 應答(응답)
縮小(축소) - 擴大(확대)	快樂(쾌락) - 苦痛(고통)	快勝(쾌승) - 慘敗(참패)
好況(호황) - 不況(불황)	退化(퇴화) - 進化(진화)	敗北(패배) - 勝利(승리)
合法(합법) - 違法(위법)	好材(호재) - 惡材(악재)	好轉(호전) - 逆轉(역전)
興奮(흥분) - 安靜(안정)	興奮(흥분) - 鎭靜(진정)	加害者(가해자) - 被害者(피해자)
感情的(감정적) - 理性的(이성적)	開放的(개방적) - 閉鎖的(폐쇄적)	具體的(구체적) - 抽象的(추상적)
內在律(내재율) - 外在律(외재율)	大丈夫(대장부) - 拙丈夫(졸장부)	門外漢(문외한) - 專門家(전문가)
背日性(배일성) - 向日性(향일성)	不文律(불문율) - 成文律(성문율)	不法化(불법화) - 合法化(합법화)
相對的(상대적) - 絶對的(절대적)	唯物論(유물론) - 唯心論(유심론)	債權者(채권자) - 債務者(채무자)
革新派(혁신파) - 保守派(보수파)		

略字(약자)

價(価) : 값 가	假(仮) : 거짓 가	覺(覚) : 깨달을 각	據(拠) : 근거 거
擧(挙) : 들 거	儉(倹) : 검소할 검	劍(剣) : 칼 검	堅(坚) : 굳을 견
經(経) : 지날 경	輕(軽) : 가벼울 경	繼(継) : 이을 계	關(関) : 관계할 관
觀(観) : 볼 관	廣(広) : 넓을 광	鑛(鉱) : 쇳돌 광	舊(旧) : 예 구
區(区) : 구분할 구	國(国) : 나라 국	勸(勧) : 권할 권	權(権) : 권세 권
歸(帰) : 돌아갈 귀	龜(亀) : 거북 구, 귀	氣(気) : 기운 기	緊(紧) : 긴할 긴
斷(断) : 끊을 단	單(単) : 홑 단	團(団) : 둥글 단	擔(担) : 멜 담
當(当) : 마땅 당	黨(党) : 무리 당	對(対) : 대할 대	圖(図) : 그림 도
獨(独) : 홀로 독	讀(読) : 읽을 독	燈(灯) : 등 등	樂(楽) : 즐길 락
亂(乱) : 어지러울 란	來(来) : 올 래	兩(両) : 두 량	麗(麗) : 고울 려
勵(励) : 힘쓸 려	靈(灵) : 신령 령	禮(礼) : 예도 례	勞(労) : 일할 로
爐(炉) : 화로 로	龍(竜) : 용 룡	樓(楼) : 다락 루	萬(万) : 일만 만
滿(満) : 찰 만	蠻(蛮) : 오랑캐 만	賣(売) : 팔 매	麥(麦) : 보리 맥
發(発) : 필 발	變(変) : 변할 변	邊(辺) : 가 변	竝(並) : 나란히 병
寶(宝) : 보배 보	佛(仏) : 부처 불	拂(払) : 떨칠 불	師(师) : 스승 사
辭(辞) : 말씀 사	絲(糸) : 실 사	寫(写) : 베낄 사	狀(状) : 형상 상
雙(双) : 두 쌍	釋(釈) : 풀 석	聲(声) : 소리 성	數(数) : 셈 수
獸(獣) : 짐승 수	壽(寿) : 목숨 수	隨(随) : 따를 수	肅(粛) : 엄숙할 숙
實(実) : 열매 실	兒(児) : 아이 아	亞(亜) : 버금 아	惡(悪) : 악할 악
壓(圧) : 누를 압	壤(壌) : 흙덩이 양	樣(様) : 모양 양	餘(余) : 남을 여
與(与) : 줄 여	驛(駅) : 역 역	譯(訳) : 번역할 역	鹽(塩) : 소금 염
榮(栄) : 영화 영	豫(予) : 미리 예	譽(誉) : 기릴 예	藝(芸) : 재주 예
圍(囲) : 에워쌀 위	應(応) : 응할 응	醫(医) : 의원 의	貳(弐) : 두 이
壹(壱) : 한 일	蠶(蚕) : 누에 잠	雜(雑) : 섞일 잡	壯(壮) : 장할 장
將(将) : 장수 장	獎(奨) : 장려할 장	爭(争) : 다툴 쟁	轉(転) : 구를 전
傳(伝) : 전할 전	戰(戦) : 싸움 전	錢(銭) : 돈 전	點(点) : 점 점
齊(斉) : 가지런할 제	濟(済) : 건널 제	參(参) : 참여할 참	慘(惨) : 참혹할 참
處(処) : 곳 처	淺(浅) : 얕을 천	鐵(鉄) : 쇠 철	廳(庁) : 관청 청
聽(聴) : 들을 청	體(体) : 몸 체	總(総) : 다 총	蟲(虫) : 벌레 충
醉(酔) : 취할 취	齒(歯) : 이 치	稱(称) : 일컬을 칭	彈(弾) : 탄알 탄
擇(択) : 가릴 택	澤(沢) : 못 택	學(学) : 배울 학	解(觧) : 풀 해
虛(虚) : 빌 허	顯(顕) : 나타날 현	賢(贤) : 어질 현	螢(蛍) : 반딧불 형
號(号) : 이름 호	畫(画) : 그림 화	擴(拡) : 넓힐 확	懷(懐) : 품을 회
會(会) : 모일 회	興(兴) : 일 흥		

一字多音語字(일자다음어자)

降	:	내릴 강 항복할 항	更	:	다시 갱 고칠 경	車	:	수레 거 수레 차	見	:	볼 견 뵈올 현
契	:	맺을 계 부족이름 글 사람이름 설	金	:	쇠 금 성 김	奈	:	어찌 나 어찌 내	內	:	안 내 여관(女官) 나
茶	:	차 다 차 차	丹	:	붉을 단 꽃이름 란	糖	:	엿 당 사탕 탕	度	:	법도 도 헤아릴 탁
讀	:	읽을 독 구절 구	洞	:	골 동 밝을 통	樂	:	즐길 락 풍류 악 좋아할 요	復	:	다시 부 회복할 복
否	:	아닐 부 막힐 비	北	:	북녘 북 달아날 배	分	:	나눌 분 푼 푼	不	:	아니 불 아니 부
寺	:	절 사 관청 시	殺	:	죽일 살 빠를 쇄 감할 쇄	塞	:	변방 새 막힐 색	索	:	찾을 색 노(새끼줄) 삭
說	:	말씀 설 달랠 세 기쁠 열	省	:	살필 성 덜 생	率	:	비율 율 거느릴 솔	數	:	셈 수 자주 삭
宿	:	잘 숙 별자리 수	拾	:	주울 습 열 십	識	:	알 식 기록할 지	惡	:	악할 악 미워할 오
若	:	같을 약 반야 야	於	:	어조사 어 탄식할 오	易	:	쉬울 이 바꿀 역	刺	:	찌를 자 찌를 척 수라 라
狀	:	문서 장 모양 상	著	:	나타날 저 지을 저 붙을 착	切	:	끊을 절 온통 체	辰	:	별 진 때 신
則	:	곧 즉 법칙 칙	徵	:	부를 징 음율이름 치	參	:	참여할 참 석 삼	差	:	다를 차 어긋날 차
宅	:	집 택 집 댁	布	:	베 포 펼 포 보시 보	暴	:	사나울 폭 모질 포	皮	:	가죽 피 가죽 비
合	:	합할 합 홉 홉 (한 되의 1/10의 용량)	行	:	다닐 행 행실 행 항렬 항	畫	:	그림 화 그을 획			

다 지 기 편

✍ 한자에 훈·음 쓰기

✍ 훈·음에 한자 쓰기

✍ 한자어에 독음 쓰기

✍ 독음에 한자 쓰기

✍ 한자에 훈(訓)과 음(音)을 쓰시오

乃 [　　]	互 [　　]	羽 [　　]	伸 [　　]
了 [　　]	丘 [　　]	而 [　　]	余 [　　]
卜 [　　]	叫 [　　]	夷 [　　]	吾 [　　]
又 [　　]	卯 [　　]	舟 [　　]	酉 [　　]
乞 [　　]	戊 [　　]	仲 [　　]	吟 [　　]
于 [　　]	召 [　　]	尖 [　　]	矣 [　　]
巳 [　　]	囚 [　　]	托 [　　]	佐 [　　]
也 [　　]	矢 [　　]	吐 [　　]	抄 [　　]
丸 [　　]	瓦 [　　]	汗 [　　]	妥 [　　]
斤 [　　]	只 [　　]	亥 [　　]	把 [　　]
屯 [　　]	且 [　　]	却 [　　]	貝 [　　]
牙 [　　]	斥 [　　]	狂 [　　]	旱 [　　]
厄 [　　]	穴 [　　]	忌 [　　]	亨 [　　]
予 [　　]	乎 [　　]	那 [　　]	肩 [　　]
曰 [　　]	弘 [　　]	忘 [　　]	庚 [　　]
尤 [　　]	禾 [　　]	免 [　　]	坤 [　　]
云 [　　]	劣 [　　]	尾 [　　]	狗 [　　]
弔 [　　]	忙 [　　]	伴 [　　]	糾 [　　]
丑 [　　]	戍 [　　]	邦 [　　]	肯 [　　]
四 [　　]	汝 [　　]	似 [　　]	奈 [　　]
兮 [　　]	污 [　　]	辛 [　　]	泥 [　　]

✎ 한자에 훈(訓)과 음(音)을 쓰시오

罔 [ ]	拙 [ ]	眉 [ ]	徑 [ ]
泊 [ ]	枝 [ ]	叛 [ ]	桂 [ ]
返 [ ]	妾 [ ]	赴 [ ]	俱 [ ]
拔 [ ]	抽 [ ]	削 [ ]	豈 [ ]
芳 [ ]	枕 [ ]	昭 [ ]	倒 [ ]
杯 [ ]	抱 [ ]	殃 [ ]	桃 [ ]
拂 [ ]	享 [ ]	耶 [ ]	凍 [ ]
朋 [ ]	昏 [ ]	疫 [ ]	茫 [ ]
昔 [ ]	架 [ ]	畏 [ ]	埋 [ ]
析 [ ]	姦 [ ]	胃 [ ]	冥 [ ]
垂 [ ]	皆 [ ]	姻 [ ]	迷 [ ]
芽 [ ]	癸 [ ]	哉 [ ]	倣 [ ]
岳 [ ]	枯 [ ]	訂 [ ]	竝 [ ]
押 [ ]	郊 [ ]	奏 [ ]	朔 [ ]
於 [ ]	苟 [ ]	俊 [ ]	桑 [ ]
炎 [ ]	軌 [ ]	姪 [ ]	涉 [ ]
泳 [ ]	畓 [ ]	秒 [ ]	殉 [ ]
臥 [ ]	挑 [ ]	怠 [ ]	娛 [ ]
泣 [ ]	侮 [ ]	咸 [ ]	翁 [ ]
宜 [ ]	某 [ ]	巷 [ ]	玆 [ ]
刺 [ ]	苗 [ ]	侯 [ ]	恣 [ ]

✎ 한자에 훈(訓)과 음(音)을 쓰시오

酌 [　　　] 豚 [　　　] 脣 [　　　] 硬 [　　　]
宰 [　　　] 掠 [　　　] 晨 [　　　] 厥 [　　　]
租 [　　　] 梁 [　　　] 涯 [　　　] 菌 [　　　]
株 [　　　] 鹿 [　　　] 焉 [　　　] 棄 [　　　]
珠 [　　　] 累 [　　　] 庸 [　　　] 幾 [　　　]
借 [　　　] 淚 [　　　] 唯 [　　　] 欺 [　　　]
捉 [　　　] 梨 [　　　] 惟 [　　　] 惱 [　　　]
畜 [　　　] 麻 [　　　] 淫 [　　　] 貸 [　　　]
臭 [　　　] 晩 [　　　] 寅 [　　　] 渡 [　　　]
浸 [　　　] 麥 [　　　] 紫 [　　　] 敦 [　　　]
捕 [　　　] 敏 [　　　] 添 [　　　] 鈍 [　　　]
奚 [　　　] 屛 [　　　] 逐 [　　　] 裂 [　　　]
軒 [　　　] 崩 [　　　] 貪 [　　　] 媒 [　　　]
荒 [　　　] 捨 [　　　] 透 [　　　] 傍 [　　　]
胸 [　　　] 蛇 [　　　] 販 [　　　] 詐 [　　　]
牽 [　　　] 斜 [　　　] 偏 [　　　] 斯 [　　　]
竟 [　　　] 祥 [　　　] 荷 [　　　] 粟 [　　　]
郭 [　　　] 庶 [　　　] 絃 [　　　] 須 [　　　]
掛 [　　　] 敍 [　　　] 毫 [　　　] 循 [　　　]
飢 [　　　] 訟 [　　　] 渴 [　　　] 尋 [　　　]
旣 [　　　] 孰 [　　　] 卿 [　　　] 詠 [　　　]

✎ 한자에 훈(訓)과 음(音)을 쓰시오.

閨[　　] 聘[　　] 慨[　　] 滯[　　]
堤[　　] 塞[　　] 蓋[　　] 遞[　　]
晴[　　] 暑[　　] 遣[　　] 漆[　　]
替[　　] 搜[　　] 僚[　　] 誕[　　]
逮[　　] 遂[　　] 屢[　　] 奪[　　]
湯[　　] 睡[　　] 漏[　　] 頗[　　]
幅[　　] 楊[　　] 慢[　　] 飽[　　]
隔[　　] 傲[　　] 漫[　　] 漂[　　]
絹[　　] 鳴[　　] 蜜[　　] 稻[　　]
塊[　　] 搖[　　] 鳳[　　] 諒[　　]
愧[　　] 腰[　　] 腐[　　] 蓮[　　]
僅[　　] 達[　　] 賦[　　] 憐[　　]
塗[　　] 愈[　　] 賓[　　] 隣[　　]
跳[　　] 賃[　　] 嘗[　　] 暮[　　]
廉[　　] 殿[　　] 誓[　　] 廟[　　]
零[　　] 債[　　] 誦[　　] 墨[　　]
祿[　　] 遍[　　] 遙[　　] 憫[　　]
雷[　　] 該[　　] 僞[　　] 盤[　　]
募[　　] 嫌[　　] 滴[　　] 墳[　　]
煩[　　] 毀[　　] 慘[　　] 賜[　　]
蜂[　　] 携[　　] 暢[　　] 蔬[　　]

✍ 한자에 훈(訓)과 음(音)을 쓰시오

誰 [　]	篤 [　]	矯 [　]	爵 [　]
雁 [　]	磨 [　]	濫 [　]	擴 [　]
閱 [　]	辨 [　]	償 [　]	繫 [　]
銳 [　]	頻 [　]	禪 [　]	霧 [　]
緩 [　]	燒 [　]	雖 [　]	譜 [　]
緯 [　]	餓 [　]	濕 [　]	贈 [　]
蝶 [　]	謁 [　]	輿 [　]	懲 [　]
震 [　]	燕 [　]	燥 [　]	穫 [　]
憩 [　]	擁 [　]	薦 [　]	騰 [　]
遷 [　]	凝 [　]	燭 [　]	騷 [　]
墮 [　]	墻 [　]	聰 [　]	顧 [　]
罷 [　]	遵 [　]	醜 [　]	懼 [　]
播 [　]	遲 [　]	濯 [　]	驅 [　]
編 [　]	錯 [　]	鴻 [　]	飜 [　]
廢 [　]	濁 [　]	謹 [　]	攝 [　]
幣 [　]	蔽 [　]	騎 [　]	躍 [　]
輝 [　]	縣 [　]	獵 [　]	竊 [　]
鋼 [　]	螢 [　]	覆 [　]	鑄 [　]
龜 [　]	衡 [　]	鎖 [　]	鹽 [　]
糖 [　]	曉 [　]		

✎ 훈(訓)과 음(音)에 한자를 쓰시오

이에 내[ ] 서로 호[ ] 깃 우[ ] 펼 신[ ]
마칠 료[ ] 언덕 구[ ] 말이을이[ ] 나 여[ ]
점 복[ ] 부르짖을규[ ] 오랑캐이[ ] 나 오[ ]
또 우[ ] 토끼 묘[ ] 배 주[ ] 닭 유[ ]
빌 걸[ ] 천간 무[ ] 버금 중[ ] 읊을 음[ ]
어조사우[ ] 부를 소[ ] 뾰족할첨[ ] 어조사의[ ]
뱀 사[ ] 가둘 수[ ] 맡길 탁[ ] 도울 좌[ ]
잇기 야[ ] 화살 시[ ] 토할 토[ ] 뽑을 초[ ]
둥글 환[ ] 기와 와[ ] 땀 한[ ] 온당할타[ ]
도끼 근[ ] 다만 지[ ] 돼지 해[ ] 잡을 파[ ]
진칠 둔[ ] 또 차[ ] 물리칠각[ ] 조개 패[ ]
어금니아[ ] 물리칠척[ ] 미칠 광[ ] 가물 한[ ]
액 액[ ] 굴 혈[ ] 꺼릴 기[ ] 형통할형[ ]
나 여[ ] 어조사호[ ] 어찌 나[ ] 어깨 견[ ]
가로 왈[ ] 클 홍[ ] 잊을 망[ ] 별 경[ ]
더욱 우[ ] 벼 화[ ] 면할 면[ ] 땅 곤[ ]
이를 운[ ] 못할 렬[ ] 꼬리 미[ ] 개 구[ ]
조상할조[ ] 바쁠 망[ ] 짝 반[ ] 얽힐 규[ ]
소 축[ ] 개 술[ ] 나라 방[ ] 즐길 긍[ ]
짝 필[ ] 너 여[ ] 닮을 사[ ] 어찌 내[ ]
어조사혜[ ] 더러울오[ ] 매울 신[ ] 진흙 니[ ]

✍ 훈(訓)과 음(音)에 한자를 쓰시오

없을 망[ ] 졸할 졸[ ] 모 묘[ ] 제후 후[ ]
배댈 박[ ] 가지 지[ ] 눈썹 미[ ] 지름길경[ ]
돌이킬반[ ] 첩 첩[ ] 배반할반[ ] 계수나무계[ ]
뽑을 발[ ] 뽑을 추[ ] 갈 부[ ] 함께 구[ ]
꽃다울방[ ] 베개 침[ ] 깎을 삭[ ] 어찌 기[ ]
잔 배[ ] 안을 포[ ] 밝을 소[ ] 넘어질도[ ]
떨칠 불[ ] 누릴 향[ ] 재앙 앙[ ] 복숭아도[ ]
벗 붕[ ] 어두울혼[ ] 어조사야[ ] 얼 동[ ]
예 석[ ] 시렁 가[ ] 전염병역[ ] 아득할망[ ]
쪼갤 석[ ] 간음할간[ ] 두려워할외[ ] 물을 매[ ]
드리울수[ ] 다 개[ ] 밥통 위[ ] 어두울명[ ]
싹 아[ ] 북방 계[ ] 혼인 인[ ] 미혹할미[ ]
큰산 악[ ] 마를 고[ ] 어조사재[ ] 본뜰 방[ ]
누를 압[ ] 들 교[ ] 바로잡을정[ ] 나란히병[ ]
어조사어[ ] 구차할구[ ] 아뢸 주[ ] 초하루삭[ ]
불꽃 념[ ] 바퀴자국궤[ ] 준걸 준[ ] 뽕나무상[ ]
헤엄칠영[ ] 논 답[ ] 조카 질[ ] 건널 섭[ ]
누울 와[ ] 돋을 도[ ] 분초 초[ ] 따라죽을순[ ]
을 읍[ ] 업신여길모[ ] 게으를태[ ] 즐길 오[ ]
마땅 의[ ] 물이름락[ ] 다 함[ ] 늙은이옹[ ]
찌를 자[ ] 아무 모[ ] 거리 항[ ] 이 자[ ]

✍ 훈(訓)과 음(音)에 한자를 쓰시오

방자할 자 [　] 이미 기 [　] 누구 숙 [　] 벼슬 경 [　]
술부을 작 [　] 돼지 돈 [　] 입술 순 [　] 굳을 경 [　]
재상 재 [　] 노략질할 략 [　] 새벽 신 [　] 그 궐 [　]
조세 조 [　] 들보 량 [　] 물가 애 [　] 버섯 균 [　]
그루 주 [　] 사슴 록 [　] 어찌 언 [　] 버릴 기 [　]
구슬 주 [　] 여러 루 [　] 떳떳할 용 [　] 몇 기 [　]
빌릴 차 [　] 눈물 루 [　] 오직 유 [　] 속일 기 [　]
잡을 착 [　] 배 리 [　] 생각할 유 [　] 번뇌할 뇌 [　]
짐승 축 [　] 삼 마 [　] 음란할 음 [　] 빌릴 대 [　]
냄새 취 [　] 늦을 만 [　] 범 인 [　] 건널 도 [　]
잠길 침 [　] 보리 맥 [　] 자주빛 자 [　] 도타울 돈 [　]
잡을 포 [　] 민첩할 민 [　] 더할 첨 [　] 둔할 둔 [　]
어찌 해 [　] 병풍 병 [　] 쫓을 축 [　] 찢어질 렬 [　]
집 헌 [　] 무너질 붕 [　] 탐낼 탐 [　] 중매 매 [　]
거칠 황 [　] 버릴 사 [　] 사무칠 투 [　] 결 방 [　]
가슴 흉 [　] 긴뱀 사 [　] 팔 판 [　] 속일 사 [　]
이끌 견 [　] 비낄 사 [　] 치우칠 편 [　] 이 사 [　]
마침내 경 [　] 상서 사 [　] 멜 하 [　] 조 속 [　]
외성 곽 [　] 여러 서 [　] 줄 현 [　] 모름지기 수 [　]
걸 괘 [　] 펼 서 [　] 터럭 호 [　] 돌 순 [　]
주릴 기 [　] 송사할 송 [　] 목마를 갈 [　] 찾을 심 [　]

✍ 훈(訓)과 음(音)에 한자를 쓰시오

읊을 영[ ]　벌 봉[ ]　이끌 휴[ ]　화창할 창[ ]
윤달 윤[ ]　부를 빙[ ]　슬퍼할 개[ ]　막힐 체[ ]
둑 제[ ]　막힐 색[ ]　덮을 개[ ]　갈마들일 체[ ]
갤 청[ ]　더울 서[ ]　보낼 견[ ]　옻 칠[ ]
바꿀 체[ ]　찾을 수[ ]　동료 료[ ]　낳을 탄[ ]
잡을 체[ ]　드디어 수[ ]　여러 루[ ]　빼앗을 탈[ ]
끓을 탕[ ]　졸음 수[ ]　샐 루[ ]　자못 파[ ]
폭 폭[ ]　버들 양[ ]　거만할 만[ ]　떠다닐 표[ ]
사이뜰 격[ ]　거만할 오[ ]　흩어질 만[ ]　벼 도[ ]
비단 견[ ]　슬플 오[ ]　꿀 밀[ ]　살펴알 량[ ]
흙덩이 괴[ ]　흔들 요[ ]　새 봉[ ]　연꽃 련[ ]
부끄러울 괴[ ]　허리 요[ ]　썩을 부[ ]　불쌍히여길 련[ ]
겨우 근[ ]　어긋날 위[ ]　부세 부[ ]　이웃 린[ ]
칠할 도[ ]　나을 유[ ]　손 빈[ ]　저물 모[ ]
뛸 도[ ]　품삯 임[ ]　맛볼 상[ ]　사당 묘[ ]
청렴할 렴[ ]　전각 전[ ]　맹세할 서[ ]　먹 묵[ ]
떨어질 령[ ]　빚 채[ ]　욀 송[ ]　민망할 민[ ]
녹 록[ ]　두루 편[ ]　멀 요[ ]　소반 반[ ]
우레 뢰[ ]　갖출 해[ ]　거짓 위[ ]　무덤 분[ ]
모을 모[ ]　싫어할 염[ ]　물방울 적[ ]　줄 사[ ]
번거로울 번[ ]　헐 훼[ ]　참혹할 참[ ]　나물 소[ ]

✎ 훈(訓)과 음(音)에 한자를 쓰시오

누구 수[ ]　도타울 독[ ]　바로잡을 교[ ]　벼슬 작[ ]
기러기 안[ ]　갈 마[ ]　넘칠 람[ ]　넓힐 확[ ]
볼 열[ ]　분별할 변[ ]　갚을 상[ ]　맬 계[ ]
날카로울 예[ ]　자주 빈[ ]　선 선[ ]　안개 무[ ]
느릴 완[ ]　사를 소[ ]　비록 수[ ]　족보 보[ ]
씨 위[ ]　주릴 아[ ]　젖을 습[ ]　줄 증[ ]
나비 접[ ]　뵐 알[ ]　수레 여[ ]　징계할 징[ ]
우레 진[ ]　제비 연[ ]　마을 조[ ]　거둘 확[ ]
부끄러울 참[ ]　낄 옹[ ]　천거할 천[ ]　오를 등[ ]
옮길 천[ ]　엉길 응[ ]　촛불 촉[ ]　떠들 소[ ]
떨어질 타[ ]　담 장[ ]　귀밝을 총[ ]　돌아볼 고[ ]
마칠 파[ ]　좇을 준[ ]　추할 추[ ]　두려워할 구[ ]
뿌릴 파[ ]　더딜 지[ ]　씻을 탁[ ]　몰 구[ ]
엮을 편[ ]　어긋날 착[ ]　기러기 홍[ ]　번역할 번[ ]
폐할 폐[ ]　흐릴 탁[ ]　삼갈 근[ ]　다스릴 섭[ ]
화폐 폐[ ]　덮을 폐[ ]　말탈 기[ ]　뛸 약[ ]
빛날 휘[ ]　고을 현[ ]　사냥 렵[ ]　훔칠 절[ ]
강철 강[ ]　반딧불 형[ ]　덮을 복[ ]　쇠불릴 주[ ]
거북 구[ ]　저울대 형[ ]　쇠사슬 쇄[ ]　소금 염[ ]
엿 당[ ]　새벽 효[ ]

✎ 한자어에 독음을 쓰시오

乃至 [ ]	斤兩 [ ]	曰若 [ ]	配匹 [ ]
乃後 [ ]	屯監 [ ]	尤妙 [ ]	相互 [ ]
修了 [ ]	屯畓 [ ]	尤甚 [ ]	丘里之言 [ ]
完了 [ ]	屯田 [ ]	云云 [ ]	丘首 [ ]
卜吉 [ ]	屯營 [ ]	云謂 [ ]	沙丘 [ ]
卜日 [ ]	牙器 [ ]	弔客 [ ]	叫號 [ ]
卜定 [ ]	牙城 [ ]	弔旗 [ ]	大叫 [ ]
乞人 [ ]	象牙 [ ]	弔喪 [ ]	卯生 [ ]
門前乞食 [ ]	齒牙 [ ]	慶弔 [ ]	卯時 [ ]
哀乞伏乞 [ ]	象牙塔 [ ]	弔意 [ ]	戊夜 [ ]
于今 [ ]	厄難 [ ]	丑年 [ ]	召命 [ ]
巳時 [ ]	厄年 [ ]	丑時 [ ]	召集 [ ]
丸藥 [ ]	厄運 [ ]	匹馬 [ ]	應召 [ ]
彈丸 [ ]	災厄 [ ]	匹夫 [ ]	囚衣 [ ]
斤量 [ ]	曰可曰否 [ ]	匹婦 [ ]	囚人 [ ]

✎ 한자어에 독음을 쓰시오

死刑囚 [   ]   但只 [   ]   劣等 [   ]   汚水 [   ]

罪囚 [   ]   且月 [   ]   劣勢 [   ]   汚染 [   ]

脫獄囚 [   ]   且千 [   ]   劣惡 [   ]   汚點 [   ]

矢石 [   ]   尺兵 [   ]   愚劣 [   ]   毛羽 [   ]

弓矢 [   ]   斥言 [   ]   優劣 [   ]   而今 [   ]

毒矢 [   ]   斥邪 [   ]   忙月 [   ]   而立 [   ]

竹矢 [   ]   排斥 [   ]   忙中閑 [   ]   而況 [   ]

火矢 [   ]   穴居 [   ]   多忙 [   ]   已而 [   ]

瓦家 [   ]   穴見 [   ]   奔忙 [   ]   東夷 [   ]

瓦工 [   ]   孔穴 [   ]   戌年 [   ]   舟橋 [   ]

瓦當 [   ]   虎穴 [   ]   戌時 [   ]   一葉舟 [   ]

瓦解 [   ]   洞穴 [   ]   汝等 [   ]   造舟 [   ]

銅瓦 [   ]   弘文 [   ]   汚吏 [   ]   仲介 [   ]

靑瓦 [   ]   弘益人間 [   ]   汚名 [   ]   仲秋節 [   ]

只今 [   ]   禾穀 [   ]   汚物 [   ]   伯仲 [   ]

- 113 -

✎ 한자어에 독음을 쓰시오

尖端 [ ]	破却 [ ]	忘失 [ ]	伴隨 [ ]
尖兵 [ ]	狂犬 [ ]	忘憂 [ ]	伴吟 [ ]
尖塔 [ ]	狂氣 [ ]	健忘 [ ]	伴行 [ ]
托故 [ ]	狂亂 [ ]	備忘 [ ]	同伴 [ ]
托生 [ ]	狂言 [ ]	免稅 [ ]	相伴 [ ]
吐露 [ ]	發狂 [ ]	免罪 [ ]	萬邦 [ ]
實吐 [ ]	忌日 [ ]	免職 [ ]	聯邦 [ ]
汗蒸 [ ]	忌祭祀 [ ]	免責 [ ]	友邦 [ ]
冷汗 [ ]	忌避 [ ]	免許 [ ]	異邦 [ ]
發汗 [ ]	禁忌 [ ]	尾行 [ ]	合邦 [ ]
多汗 [ ]	那落 [ ]	交尾 [ ]	似而非 [ ]
亥年 [ ]	那邊 [ ]	首尾 [ ]	近似 [ ]
亥生 [ ]	那何 [ ]	末尾 [ ]	類似 [ ]
却下 [ ]	忘却 [ ]	後尾 [ ]	辛苦 [ ]
退却 [ ]	忘年 [ ]	伴送 [ ]	辛味 [ ]

✎ 한자어에 독음을 쓰시오

辛時 [   ] 抄本 [   ] 雙肩 [   ] 首肯 [   ]

伸張 [   ] 抄寫 [   ] 兩肩 [   ] 泥土 [   ]

伸縮 [   ] 抄出 [   ] 庚方 [   ] 泥工 [   ]

屈伸 [   ] 妥結 [   ] 庚時 [   ] 罔極 [   ]

引伸 [   ] 妥當 [   ] 坤方 [   ] 宿泊 [   ]

余等 [   ] 妥協 [   ] 狗盜 [   ] 返納 [   ]

余月 [   ] 把守 [   ] 狗頭生角 [   ] 返送 [   ]

吾家所立 [   ] 把持 [   ] 狗黃 [   ] 返品 [   ]

吾等 [   ] 貝物 [   ] 海狗 [   ] 拔群 [   ]

吾子 [   ] 貝粉 [   ] 糾結 [   ] 拔本 [   ]

酉方 [   ] 貝石 [   ] 糾明 [   ] 選拔 [   ]

酉時 [   ] 旱災 [   ] 糾彈 [   ] 卓拔 [   ]

吟味 [   ] 旱害 [   ] 糾合 [   ] 擇拔 [   ]

詩吟 [   ] 亨通 [   ] 紛糾 [   ] 芳年 [   ]

抄錄 [   ] 肩章 [   ] 肯定 [   ] 芳名錄 [   ]

✎ 한자어에 독음을 쓰시오

芳草 [　　] 昔者 [　　] 押收 [　　] 宜當 [　　]

芳春 [　　] 分析 [　　] 押韻 [　　] 便宜 [　　]

乾杯 [　　] 解析 [　　] 押印 [　　] 刺客 [　　]

苦杯 [　　] 垂範 [　　] 於中間 [　　] 刺殺 [　　]

金杯 [　　] 垂楊 [　　] 於此彼 [　　] 刺傷 [　　]

玉杯 [　　] 垂直 [　　] 甚至於 [　　] 拙劣 [　　]

銀杯 [　　] 垂訓 [　　] 炎症 [　　] 拙文 [　　]

祝杯 [　　] 懸垂幕 [　　] 炎天 [　　] 拙作 [　　]

拂入 [　　] 綠芽 [　　] 火炎 [　　] 拙將 [　　]

支拂 [　　] 發芽 [　　] 水泳 [　　] 拙丈夫 [　　]

朋黨 [　　] 新芽 [　　] 臥龍 [　　] 拙筆 [　　]

朋徒 [　　] 山岳 [　　] 臥病 [　　] 枝葉 [　　]

朋友有信 [　　] 押署 [　　] 感泣 [　　] 幹枝 [　　]

昔人 [　　] 押留 [　　] 悲泣 [　　] 竹枝 [　　]

昔日 [　　] 押送 [　　] 哀泣 [　　] 妾室 [　　]

✎ 한자어에 독음을 쓰시오

侍妾 [　　] 享春客 [　　] 枯骨 [　　] 挑戰 [　　]

愛妾 [　　] 昏絶 [　　] 枯死 [　　] 侮慢 [　　]

妻妾 [　　] 黃昏 [　　] 枯葉 [　　] 侮言 [　　]

賤妾 [　　] 架空 [　　] 郊外 [　　] 侮辱 [　　]

抽象 [　　] 架橋 [　　] 近郊 [　　] 受侮 [　　]

抽出 [　　] 書架 [　　] 苟且 [　　] 某年 [　　]

枕頭 [　　] 十字架 [　　] 軌道 [　　] 某某 [　　]

枕木 [　　] 姦夫 [　　] 軌範 [　　] 某時 [　　]

枕上 [　　] 奸婦 [　　] 軌跡 [　　] 某月 [　　]

枕席 [　　] 姦通 [　　] 軌條 [　　] 某處 [　　]

木枕 [　　] 强姦 [　　] 乾畓 [　　] 苗木 [　　]

抱負 [　　] 皆勤 [　　] 水畓 [　　] 苗板 [　　]

懷抱 [　　] 擧皆 [　　] 田畓 [　　] 種苗 [　　]

享樂 [　　] 癸方 [　　] 天水畓 [　　] 眉間 [　　]

享有 [　　] 庚癸 [　　] 挑發 [　　] 白眉 [　　]

✎ 한자어에 독음을 쓰시오

兩眉 [　]	禍殃 [　]	奏上 [　]	堂姪 [　]
叛軍 [　]	耶蘇 [　]	奏書 [　]	叔姪 [　]
叛旗 [　]	疫病 [　]	奏疏 [　]	分秒 [　]
叛奴 [　]	疫神 [　]	奏樂 [　]	怠業 [　]
叛徒 [　]	胃液 [　]	奏請 [　]	咸興差使 [　]
叛亂 [　]	胃炎 [　]	獨奏 [　]	巷間 [　]
背叛 [　]	胃腸 [　]	俊傑 [　]	巷說 [　]
訃告 [　]	姻戚 [　]	俊秀 [　]	巷戰 [　]
赴任 [　]	婚姻 [　]	俊才 [　]	君侯 [　]
削減 [　]	哀哉 [　]	賢俊 [　]	諸侯 [　]
削除 [　]	快哉 [　]	豪俊 [　]	半徑 [　]
昭詳 [　]	訂正 [　]	姪女 [　]	絶徑 [　]
明昭 [　]	改訂 [　]	姪婦 [　]	直徑 [　]
災殃 [　]	校訂 [　]	姪孫 [　]	側徑 [　]
天殃 [　]	增訂 [　]	姪行 [　]	桂皮 [　]

✎ 한자어에 독음을 쓰시오

月桂 [ ]	凍死 [ ]	暗埋 [ ]	竝設 [ ]
俱存 [ ]	凍傷 [ ]	冥冥 [ ]	竝用 [ ]
倒産 [ ]	凍太 [ ]	冥伯 [ ]	竝唱 [ ]
倒置 [ ]	凍土 [ ]	冥福 [ ]	竝行 [ ]
壓倒 [ ]	冷凍 [ ]	冥想 [ ]	朔望 [ ]
絶倒 [ ]	茫漠 [ ]	冥婚 [ ]	朔風 [ ]
打倒 [ ]	茫茫 [ ]	混冥 [ ]	桑田碧海 [ ]
卒倒 [ ]	茫茫大海 [ ]	迷宮 [ ]	交涉 [ ]
桃李 [ ]	茫然 [ ]	迷路 [ ]	殉敎 [ ]
桃源 [ ]	茫然自失 [ ]	迷信 [ ]	殉國 [ ]
桃園結義 [ ]	埋立 [ ]	迷兒 [ ]	殉死 [ ]
桃花 [ ]	埋沒 [ ]	迷惑 [ ]	殉葬 [ ]
天桃 [ ]	埋伏 [ ]	昏迷 [ ]	殉節 [ ]
胡桃 [ ]	埋葬 [ ]	模倣 [ ]	殉職 [ ]
凍結 [ ]	埋藏 [ ]	竝立 [ ]	娛樂 [ ]

✎ 한자어에 독음을 쓰시오

娛樂室 [　　]　租稅 [　　]　租借地 [　　]　胸部 [　　]

翁主 [　　]　田租 [　　]　畜類 [　　]　胸中 [　　]

老翁 [　　]　株價 [　　]　畜舍 [　　]　心胸 [　　]

村翁 [　　]　株券 [　　]　畜産 [　　]　牽强附會 [　　]

今玆 [　　]　株式 [　　]　家畜 [　　]　牽聯 [　　]

來玆 [　　]　株主 [　　]　牧畜 [　　]　牽連之親 [　　]

恣意 [　　]　新株 [　　]　東軒 [　　]　牽牛 [　　]

恣行 [　　]　珠算 [　　]　荒唐 [　　]　牽引 [　　]

放恣 [　　]　珠玉 [　　]　荒凉 [　　]　牽制 [　　]

酌定 [　　]　珍珠 [　　]　荒亡 [　　]　畢竟 [　　]

對酌 [　　]　借金 [　　]　荒城 [　　]　城郭 [　　]

參酌 [　　]　借力 [　　]　荒野 [　　]　外廓 [　　]

淸酌 [　　]　借用 [　　]　荒地 [　　]　輪廓 [　　]

宰相 [　　]　假借 [　　]　胸裏 [　　]　掛圖 [　　]

主宰 [　　]　租借 [　　]　胸背 [　　]　掛燈 [　　]

✎ 한자어에 독음을 쓰시오

掛鐘 [　　] 鹿皮 [　　] 晚覺 [　　] 屛風 [　　]

飢寒 [　　] 累計 [　　] 晚年 [　　] 崩壞 [　　]

旣決 [　　] 累積 [　　] 晚唐 [　　] 崩落 [　　]

旣得 [　　] 累卵之危 [　　] 晚生種 [　　] 崩城 [　　]

旣成 [　　] 累進 [　　] 晚成 [　　] 死生取義 [　　]

旣往 [　　] 累次 [　　] 晚學 [　　] 捨身 [　　]

旣定 [　　] 淚汗 [　　] 麥農 [　　] 取捨 [　　]

旣婚 [　　] 血淚 [　　] 麥作 [　　] 蛇足 [　　]

家豚 [　　] 梨花 [　　] 麥皮 [　　] 毒蛇 [　　]

養豚 [　　] 麻立干 [　　] 米麥 [　　] 白蛇 [　　]

掠取 [　　] 麻藥 [　　] 小麥 [　　] 靑蛇 [　　]

侵掠 [　　] 麻醉 [　　] 胡麥 [　　] 斜路 [　　]

梁上君子 [　　] 大麻 [　　] 敏感 [　　] 斜面 [　　]

橋梁 [　　] 油麻 [　　] 敏速 [　　] 斜線 [　　]

鹿角 [　　] 胡麻 [　　] 過敏 [　　] 斜視 [　　]

✐ 한자어에 독음을 쓰시오

斜眼 [　　]	訟事 [　　]	唯我獨尊 [　　]	紅紫 [　　]
傾斜 [　　]	訴訟 [　　]	唯唯 [　　]	添加 [　　]
吉祥 [　　]	脣亡齒寒 [　　]	唯一無二 [　　]	添附 [　　]
大祥 [　　]	兎脣 [　　]	惟獨 [　　]	添削 [　　]
小祥 [　　]	紅脣 [　　]	惟日不足 [　　]	逐客 [　　]
庶母 [　　]	晨鷄 [　　]	淫女 [　　]	逐出 [　　]
庶務 [　　]	晨星 [　　]	淫談 [　　]	放逐 [　　]
庶民 [　　]	晨省 [　　]	淫亂 [　　]	貪官汚吏 [　　]
庶子 [　　]	境涯 [　　]	淫婦 [　　]	貪讀 [　　]
庶出 [　　]	邊涯 [　　]	淫書 [　　]	貪心 [　　]
敍論 [　　]	水涯 [　　]	淫慾 [　　]	貪慾 [　　]
敍事 [　　]	焉敢生心 [　　]	寅年 [　　]	食貪 [　　]
敍述 [　　]	焉哉乎也 [　　]	寅念 [　　]	透過 [　　]
敍情 [　　]	庸劣 [　　]	寅時 [　　]	透明 [　　]
自敍 [　　]	中庸 [　　]	紫禁城 [　　]	透寫 [　　]

✎ 한자어에 독음을 쓰시오

透徹 [　]	荷葉 [　]	解渴 [　]	自暴自棄 [　]
浸透 [　]	荷重 [　]	硬骨 [　]	投棄 [　]
透視 [　]	負荷 [　]	硬度 [　]	破棄 [　]
販路 [　]	集荷 [　]	硬性 [　]	幾何 [　]
販賣 [　]	絃樂 [　]	硬水 [　]	幾何級數 [　]
街販 [　]	管絃 [　]	硬直 [　]	欺世盜名 [　]
市販 [　]	彈絃 [　]	硬化 [　]	惱殺 [　]
總販 [　]	秋毫 [　]	厥女 [　]	苦惱 [　]
偏見 [　]	筆不停毫 [　]	滅菌 [　]	憂惱 [　]
偏傾 [　]	揮毫 [　]	病菌 [　]	貸本 [　]
偏母 [　]	渴求 [　]	保菌 [　]	貸與 [　]
偏食 [　]	渴急 [　]	殺菌 [　]	貸用 [　]
偏愛 [　]	渴望 [　]	細菌 [　]	貸出 [　]
荷擔 [　]	渴症 [　]	棄却 [　]	渡江 [　]
荷物 [　]	枯渴 [　]	棄權 [　]	渡來 [　]

✎ 한자어에 독음을 쓰시오

渡美 [　　] 媒介 [　　] 循行 [　　] 溫湯 [　　]

渡日 [　　] 媒體 [　　] 循環 [　　] 浴湯 [　　]

渡河 [　　] 仲媒 [　　] 尋訪 [　　] 雜湯 [　　]

不渡 [　　] 傍系 [　　] 尋常 [　　] 大幅 [　　]

敦化 [　　] 傍觀 [　　] 詠歌 [　　] 半幅 [　　]

敦厚 [　　] 傍點 [　　] 堤防 [　　] 全幅 [　　]

鈍感 [　　] 傍聽 [　　] 防波堤 [　　] 橫幅 [　　]

鈍器 [　　] 近傍 [　　] 晴天 [　　] 隔離 [　　]

鈍才 [　　] 詐欺 [　　] 快晴 [　　] 隔世之感 [　　]

鈍筆 [　　] 詐取 [　　] 交替 [　　] 隔月 [　　]

愚鈍 [　　] 詐稱 [　　] 代替 [　　] 隔日 [　　]

裂傷 [　　] 斯道 [　　] 對替 [　　] 隔差 [　　]

分裂 [　　] 斯文 [　　] 逮捕 [　　] 間隔 [　　]

四分五裂 [　　] 米粟 [　　] 藥湯 [　　] 絹絲 [　　]

破裂 [　　] 必須 [　　] 熱湯 [　　] 絹織物 [　　]

✍ 한자어에 독음을 쓰시오

生絹 [   ]   高跳 [   ]   雷鼓 [   ]   分蜂 [   ]

本絹 [   ]   廉價 [   ]   雷管 [   ]   女王蜂 [   ]

人造絹 [   ] 廉問 [   ]   雷聲 [   ]   聘母 [   ]

金塊 [   ]   廉直 [   ]   雷雨 [   ]   聘父 [   ]

大塊 [   ]   廉恥 [   ]   募金 [   ]   聘丈 [   ]

愧死 [   ]   廉探 [   ]   募兵 [   ]   徵聘 [   ]

僅僅 [   ]   淸廉 [   ]   募集 [   ]   招聘 [   ]

僅少 [   ]   零度 [   ]   公募 [   ]   塞源 [   ]

塗工 [   ]   零細 [   ]   急募 [   ]   邊塞 [   ]

塗料 [   ]   零時 [   ]   應募 [   ]   要塞 [   ]

塗色 [   ]   零雨 [   ]   煩惱 [   ]   暑氣 [   ]

塗裝 [   ]   祿米 [   ]   煩憂 [   ]   大暑 [   ]

塗炭 [   ]   祿邑 [   ]   煩雜 [   ]   小暑 [   ]

跳開橋 [   ] 官祿 [   ]   蜂房 [   ]   炎暑 [   ]

跳脫 [   ]   國祿 [   ]   蜂王 [   ]   暴暑 [   ]

✎ 한자어에 독음을 쓰시오

避暑 [ ]	傲散 [ ]	違憲 [ ]	債務 [ ]
搜檢 [ ]	嗚呼 [ ]	違和 [ ]	公債 [ ]
搜査 [ ]	搖動 [ ]	賃金 [ ]	國債 [ ]
搜索 [ ]	搖脣鼓舌 [ ]	賃貸 [ ]	負債 [ ]
搜所聞 [ ]	搖搖 [ ]	賃借 [ ]	遍歷 [ ]
遂行 [ ]	搖之不動 [ ]	工賃 [ ]	遍在 [ ]
甘遂 [ ]	腰帶 [ ]	勞賃 [ ]	普遍 [ ]
完遂 [ ]	腰刀 [ ]	運賃 [ ]	該當 [ ]
睡眠 [ ]	腰部 [ ]	殿閣 [ ]	該博 [ ]
昏睡 [ ]	腰折 [ ]	殿堂 [ ]	嫌忌 [ ]
楊貴妃 [ ]	腰痛 [ ]	殿下 [ ]	嫌惡 [ ]
楊柳 [ ]	違反 [ ]	聖殿 [ ]	嫌怨 [ ]
楊枝 [ ]	違背 [ ]	神殿 [ ]	嫌疑 [ ]
白楊 [ ]	違法 [ ]	勤政殿 [ ]	毁傷 [ ]
傲氣 [ ]	違約 [ ]	債權 [ ]	毁損 [ ]

✎ 한자어에 독음을 쓰시오

毀言 [ ]	漏水 [ ]	腐敗 [ ]	嘗味 [ ]
携帶 [ ]	漏電 [ ]	豆腐 [ ]	誓文 [ ]
提携 [ ]	漏出 [ ]	陳腐 [ ]	誓約 [ ]
慨歎 [ ]	屋漏 [ ]	賦課 [ ]	盟誓 [ ]
蓋然性 [ ]	慢性 [ ]	賦金 [ ]	宣誓 [ ]
派遣 [ ]	傲慢 [ ]	賦與 [ ]	宣誓文 [ ]
閣僚 [ ]	自慢 [ ]	賦役 [ ]	誦經 [ ]
官僚 [ ]	怠慢 [ ]	詩賦 [ ]	誦讀 [ ]
同僚 [ ]	漫談 [ ]	月賦 [ ]	訟詩 [ ]
幕僚 [ ]	漫評 [ ]	賓客 [ ]	暗誦 [ ]
屢年 [ ]	漫筆 [ ]	國賓 [ ]	遙望 [ ]
屢代 [ ]	漫畵 [ ]	貴賓 [ ]	僞本 [ ]
屢次 [ ]	浪漫 [ ]	內賓 [ ]	僞書 [ ]
漏氣 [ ]	蜜蜂 [ ]	來賓 [ ]	僞善 [ ]
漏落 [ ]	蜜月 [ ]	外賓 [ ]	僞裝 [ ]

✎ 한자어에 독음을 쓰시오

偽造 [　　] 滯拂 [　　] 誕辰 [　　] 早稻 [　　]

偽證 [　　] 延滯 [　　] 誕日 [　　] 蓮根 [　　]

硯滴 [　　] 停滯 [　　] 聖誕節 [　　] 蓮實 [　　]

慘變 [　　] 遞加 [　　] 奪還 [　　] 蓮池 [　　]

慘事 [　　] 遞減 [　　] 强奪 [　　] 蓮花 [　　]

慘狀 [　　] 遞夫 [　　] 掠奪 [　　] 同病相憐 [　　]

慘敗 [　　] 遞信 [　　] 爭奪 [　　] 哀憐 [　　]

悲慘 [　　] 遞增 [　　] 侵奪 [　　] 愛憐 [　　]

悽慘 [　　] 驛遞 [　　] 飽滿 [　　] 隣家 [　　]

暢達 [　　] 漆甲 [　　] 飽食 [　　] 隣國 [　　]

暢茂 [　　] 漆器 [　　] 飽和 [　　] 隣近 [　　]

和暢 [　　] 漆板 [　　] 漂流 [　　] 隣接 [　　]

滯納 [　　] 漆黑 [　　] 漂白 [　　] 善隣 [　　]

滯念 [　　] 黑漆 [　　] 浮漂 [　　] 暮鐘 [　　]

滯留 [　　] 誕生 [　　] 水稻 [　　] 歲暮 [　　]

✎ 한자어에 독음을 쓰시오

日暮 [ ]	盤石 [ ]	誰何 [ ]	緩行 [ ]
朝暮 [ ]	骨盤 [ ]	雁足 [ ]	緩和 [ ]
廟堂 [ ]	小盤 [ ]	閱覽 [ ]	緯度 [ ]
廟議 [ ]	銀盤 [ ]	閱兵 [ ]	緯書 [ ]
廟主 [ ]	音盤 [ ]	檢閱 [ ]	經緯 [ ]
宗廟 [ ]	墳墓 [ ]	校閱 [ ]	蝶夢 [ ]
墨家 [ ]	古墳 [ ]	査閱 [ ]	胡蝶 [ ]
墨客 [ ]	先墳 [ ]	銳角 [ ]	黃蝶 [ ]
墨妙 [ ]	賜暇讀書 [ ]	銳利 [ ]	震怒 [ ]
墨線 [ ]	賜藥 [ ]	銳敏 [ ]	震度 [ ]
墨竹 [ ]	賜田 [ ]	銳意 [ ]	震動 [ ]
墨畵 [ ]	下賜 [ ]	尖銳 [ ]	震天動地 [ ]
哀憫 [ ]	厚賜 [ ]	緩急 [ ]	震幅 [ ]
愛憫 [ ]	蔬食 [ ]	緩慢 [ ]	地震 [ ]
憐憫 [ ]	菜蔬 [ ]	緩衝 [ ]	慙愧 [ ]

✎ 한자어에 독음을 쓰시오

感慙 [ ]	傳播 [ ]	造幣 [ ]	糖分 [ ]
遷都 [ ]	直播 [ ]	紙幣 [ ]	果糖 [ ]
遷善 [ ]	春播 [ ]	貨幣 [ ]	篤信 [ ]
遷移 [ ]	編年體 [ ]	光輝 [ ]	篤實 [ ]
遷職 [ ]	編物 [ ]	明輝 [ ]	篤志 [ ]
孟母三遷 [ ]	編成 [ ]	鋼鐵 [ ]	篤行 [ ]
變遷 [ ]	編修 [ ]	鋼板 [ ]	敦篤 [ ]
墮落 [ ]	編繹 [ ]	特殊鋼 [ ]	磨滅 [ ]
罷免 [ ]	編入 [ ]	製鋼 [ ]	磨石 [ ]
罷業 [ ]	廢家 [ ]	龜鑑 [ ]	硏磨 [ ]
罷職 [ ]	廢刊 [ ]	龜甲 [ ]	鍊磨 [ ]
罷陣 [ ]	廢鑛 [ ]	龜頭 [ ]	切磨 [ ]
播種 [ ]	廢校 [ ]	龜船 [ ]	琢磨 [ ]
播遷 [ ]	廢止 [ ]	龜裂 [ ]	辨理 [ ]
乾播 [ ]	幣物 [ ]	糖類 [ ]	辨明 [ ]

✎ 한자어에 독음을 쓰시오

辨償 [ ]	謁聖及第 [ ]	短墻 [ ]	濁流 [ ]
辨濟 [ ]	謁聖科 [ ]	土墻 [ ]	濁水 [ ]
辨證 [ ]	謁見 [ ]	遵據 [ ]	濁酒 [ ]
論辨 [ ]	拜謁 [ ]	遵法 [ ]	鈍濁 [ ]
頻度 [ ]	燕尾服 [ ]	遵守 [ ]	汚濁 [ ]
頻發 [ ]	擁立 [ ]	遵用 [ ]	混濁 [ ]
頻煩 [ ]	擁壁 [ ]	遵行 [ ]	隱蔽 [ ]
燒却 [ ]	擁衛 [ ]	遲刻 [ ]	郡縣 [ ]
燒死 [ ]	擁護 [ ]	遲延 [ ]	螢光 [ ]
燒失 [ ]	抱擁 [ ]	遲遲不進 [ ]	螢雪之功 [ ]
燒酒 [ ]	凝結 [ ]	錯覺 [ ]	衡平 [ ]
燃燒 [ ]	凝固 [ ]	錯亂 [ ]	均衡 [ ]
全燒 [ ]	凝視 [ ]	錯誤 [ ]	度量衡 [ ]
餓死 [ ]	凝縮 [ ]	錯雜 [ ]	平衡 [ ]
謁聖 [ ]	凝集力 [ ]	交錯 [ ]	曉得 [ ]

✎ 한자어에 독음을 쓰시오

曉星 [ ]	禪敎 [ ]	燥渴症 [ ]	醜雜 [ ]
曉天 [ ]	禪道 [ ]	乾燥 [ ]	醜態 [ ]
開曉 [ ]	禪師 [ ]	薦擧 [ ]	醜行 [ ]
矯角殺牛 [ ]	禪院 [ ]	推薦 [ ]	濯足 [ ]
矯正 [ ]	禪宗 [ ]	追薦 [ ]	洗濯 [ ]
濫發 [ ]	雖然 [ ]	燭光 [ ]	鴻毛 [ ]
濫伐 [ ]	濕氣 [ ]	燭臺 [ ]	謹啓 [ ]
濫作 [ ]	濕度 [ ]	燭淚 [ ]	謹告 [ ]
濫獲 [ ]	濕潤 [ ]	華燭 [ ]	勤愼 [ ]
償還 [ ]	濕地 [ ]	聰記 [ ]	謹嚴 [ ]
無償 [ ]	乾濕 [ ]	聰氣 [ ]	謹賀 [ ]
辨償 [ ]	多濕 [ ]	聰明 [ ]	騎馬 [ ]
報償 [ ]	輿論 [ ]	醜女 [ ]	騎兵 [ ]
有償 [ ]	輿地 [ ]	醜物 [ ]	騎士 [ ]
禪家 [ ]	輿地圖 [ ]	醜惡 [ ]	騎手 [ ]

✎ 한자어에 독음을 쓰시오

騎虎之勢 [ ]	覆面 [ ]	繫束 [ ]	收穫 [ ]
臭氣 [ ]	覆沙 [ ]	繫屬 [ ]	騰極 [ ]
惡臭 [ ]	覆審 [ ]	繫泊 [ ]	騰落 [ ]
浸水 [ ]	覆土 [ ]	霧散 [ ]	騰馬 [ ]
浸染 [ ]	鎖骨 [ ]	五里霧中 [ ]	急騰 [ ]
捕校 [ ]	鎖國 [ ]	雲霧 [ ]	上騰 [ ]
捕盜 [ ]	封鎖 [ ]	系譜 [ ]	暴騰 [ ]
捕卒 [ ]	閉鎖 [ ]	樂譜 [ ]	騷動 [ ]
捕捉 [ ]	爵位 [ ]	年譜 [ ]	騷亂 [ ]
生捕 [ ]	公爵 [ ]	族譜 [ ]	騷音 [ ]
獵官 [ ]	伯爵 [ ]	贈封 [ ]	顧客 [ ]
獵奇 [ ]	擴大 [ ]	贈與 [ ]	顧問 [ ]
獵師 [ ]	擴散 [ ]	懲戒 [ ]	回顧 [ ]
獵銃 [ ]	擴充 [ ]	懲罰 [ ]	勇者不懼 [ ]
覆蓋 [ ]	繫留 [ ]	懲役 [ ]	驅步 [ ]

✐ 한자어에 독음을 쓰시오

驅除 [구제]　攝行 [섭행]　窺視 [규시]　鑄型 [주형]

驅蟲 [구충]　躍動 [약동]　窃取 [절취]　鹽分 [염분]

先驅 [선구]　躍進 [약진]　鑄工 [주공]　鹽田 [염전]

攝念 [섭념]　跳躍 [도약]　鑄物 [주물]　白鹽 [백염]

攝理 [섭리]　飛躍 [비약]　鑄錢 [주전]　食鹽 [식염]

攝生 [섭생]　一躍 [일약]　鑄造 [주조]　製鹽 [제염]

攝政 [섭정]　活躍 [활약]　鑄鐵 [주철]　天日鹽 [천일염]

攝取 [섭취]　窃盜 [절도]

✍ 독음에 한자를 쓰시오

내지 [　　]	근량 [　　]	왈약 [　　]	배필 [　　]
내후 [　　]	둔감 [　　]	우묘 [　　]	상호 [　　]
수료 [　　]	둔답 [　　]	우심 [　　]	구리지언 [　　]
완료 [　　]	둔전 [　　]	운운 [　　]	구수 [　　]
복길 [　　]	둔영 [　　]	운위 [　　]	사구 [　　]
복일 [　　]	아기 [　　]	조객 [　　]	규호 [　　]
복정 [　　]	아성 [　　]	조기 [　　]	대규 [　　]
걸인 [　　]	상아 [　　]	조상 [　　]	묘생 [　　]
문전걸식 [　　]	치아 [　　]	경조 [　　]	묘시 [　　]
애걸복걸 [　　]	상아탑 [　　]	조의 [　　]	무야 [　　]
우금 [　　]	액난 [　　]	축년 [　　]	소명 [　　]
사시 [　　]	액년 [　　]	축시 [　　]	소집 [　　]
환약 [　　]	액운 [　　]	필마 [　　]	응소 [　　]
탄환 [　　]	재액 [　　]	필부 [　　]	수의 [　　]
근량 [　　]	왈가왈부 [　　]	필부 [　　]	수인 [　　]

✎ 독음에 한자를 쓰시오

사형수 [ ]	단지 [ ]	열등 [ ]	오수 [ ]
죄수 [ ]	차월 [ ]	열세 [ ]	오염 [ ]
탈옥수 [ ]	차천 [ ]	열악 [ ]	오점 [ ]
시석 [ ]	척병 [ ]	우열 [ ]	모우 [ ]
궁시 [ ]	척언 [ ]	우열 [ ]	이금 [ ]
독시 [ ]	척사 [ ]	망월 [ ]	이립 [ ]
죽시 [ ]	배척 [ ]	망중한 [ ]	이황 [ ]
화시 [ ]	혈거 [ ]	다망 [ ]	이이 [ ]
와가 [ ]	혈견 [ ]	분망 [ ]	동이 [ ]
와공 [ ]	공혈 [ ]	술년 [ ]	주교 [ ]
와당 [ ]	호혈 [ ]	술시 [ ]	일엽주 [ ]
와해 [ ]	동혈 [ ]	여등 [ ]	조주 [ ]
동와 [ ]	홍문 [ ]	오리 [ ]	중개 [ ]
청와 [ ]	홍익인간 [ ]	오명 [ ]	중추절 [ ]
지금 [ ]	화곡 [ ]	오물 [ ]	백중 [ ]

✎ 독음에 한자를 쓰시오

첨단 [　　　] 파각 [　　　] 망실 [　　　] 반수 [　　　]

첨병 [　　　] 광견 [　　　] 망우 [　　　] 반음 [　　　]

첨탑 [　　　] 광기 [　　　] 건망 [　　　] 반행 [　　　]

탁고 [　　　] 광란 [　　　] 비망 [　　　] 동반 [　　　]

탁생 [　　　] 광언 [　　　] 면세 [　　　] 상반 [　　　]

토로 [　　　] 발광 [　　　] 면죄 [　　　] 만방 [　　　]

실토 [　　　] 기일 [　　　] 면직 [　　　] 연방 [　　　]

한증 [　　　] 기제사 [　　　] 면책 [　　　] 우방 [　　　]

냉한 [　　　] 기피 [　　　] 면허 [　　　] 이방 [　　　]

발한 [　　　] 금기 [　　　] 미행 [　　　] 합방 [　　　]

다한 [　　　] 나락 [　　　] 교미 [　　　] 사이비 [　　　]

해년 [　　　] 나변 [　　　] 수미 [　　　] 근사 [　　　]

해생 [　　　] 나하 [　　　] 말미 [　　　] 유사 [　　　]

각하 [　　　] 망각 [　　　] 후미 [　　　] 신고 [　　　]

퇴각 [　　　] 망년 [　　　] 반송 [　　　] 신미 [　　　]

✍ 독음에 한자를 쓰시오

신시 [   ]   초본 [   ]   쌍견 [   ]   수긍 [   ]

신장 [   ]   초사 [   ]   양견 [   ]   이토 [   ]

신축 [   ]   초출 [   ]   경방 [   ]   이공 [   ]

굴신 [   ]   타결 [   ]   경시 [   ]   망극 [   ]

인신 [   ]   타당 [   ]   곤방 [   ]   숙박 [   ]

여등 [   ]   타협 [   ]   구도 [   ]   반납 [   ]

여월 [   ]   파수 [   ]   구두생각 [   ]   반송 [   ]

오가소립 [   ]   파지 [   ]   구황 [   ]   반품 [   ]

오등 [   ]   패물 [   ]   해구 [   ]   발군 [   ]

오자 [   ]   패분 [   ]   규결 [   ]   발본 [   ]

유방 [   ]   패석 [   ]   규명 [   ]   선발 [   ]

유시 [   ]   한재 [   ]   규탄 [   ]   탁발 [   ]

음미 [   ]   한해 [   ]   규합 [   ]   택발 [   ]

시음 [   ]   형통 [   ]   분규 [   ]   방년 [   ]

초록 [   ]   견장 [   ]   긍정 [   ]   방명록 [   ]

✎ 독음에 한자를 쓰시오

방초 [ ]	석자 [ ]	압수 [ ]	의당 [ ]
방춘 [ ]	분석 [ ]	압운 [ ]	편의 [ ]
건배 [ ]	해석 [ ]	압인 [ ]	자객 [ ]
고배 [ ]	수범 [ ]	어중간 [ ]	자살 [ ]
금배 [ ]	수양 [ ]	어차피 [ ]	자상 [ ]
옥배 [ ]	수직 [ ]	심지어 [ ]	졸렬 [ ]
은배 [ ]	수훈 [ ]	염증 [ ]	졸문 [ ]
축배 [ ]	현수막 [ ]	염천 [ ]	졸작 [ ]
불입 [ ]	녹아 [ ]	화염 [ ]	졸장 [ ]
지불 [ ]	발아 [ ]	수영 [ ]	졸장부 [ ]
붕당 [ ]	신아 [ ]	와룡 [ ]	졸필 [ ]
붕도 [ ]	산악 [ ]	와병 [ ]	지엽 [ ]
붕우유신 [ ]	압서 [ ]	감읍 [ ]	간지 [ ]
석인 [ ]	압류 [ ]	비읍 [ ]	죽지 [ ]
석일 [ ]	압송 [ ]	애읍 [ ]	첩실 [ ]

✎ 독음에 한자를 쓰시오

시첩 [   ] 향춘객 [   ] 고골 [   ] 도전 [   ]

애첩 [   ] 혼절 [   ] 고사 [   ] 모만 [   ]

처첩 [   ] 황혼 [   ] 고엽 [   ] 모언 [   ]

천첩 [   ] 가공 [   ] 교외 [   ] 모욕 [   ]

추상 [   ] 가교 [   ] 근교 [   ] 수모 [   ]

추출 [   ] 서가 [   ] 구차 [   ] 모년 [   ]

침두 [   ] 십자가 [   ] 궤도 [   ] 모모 [   ]

침목 [   ] 간부 [   ] 궤범 [   ] 모시 [   ]

침상 [   ] 간부 [   ] 궤적 [   ] 모월 [   ]

침석 [   ] 간통 [   ] 궤조 [   ] 모처 [   ]

목침 [   ] 강간 [   ] 건답 [   ] 묘목 [   ]

포부 [   ] 개근 [   ] 수답 [   ] 묘판 [   ]

회포 [   ] 거개 [   ] 전답 [   ] 종묘 [   ]

향락 [   ] 계방 [   ] 천수답 [   ] 미간 [   ]

향유 [   ] 경계 [   ] 도발 [   ] 백미 [   ]

✎ 독음에 한자를 쓰시오

양미 [　]	화앙 [　]	주상 [　]	당질 [　]
반군 [　]	야소 [　]	주서 [　]	숙질 [　]
반기 [　]	역병 [　]	주소 [　]	분초 [　]
반노 [　]	역신 [　]	주악 [　]	태업 [　]
반도 [　]	위액 [　]	주청 [　]	함흥차사 [　]
반란 [　]	위염 [　]	독주 [　]	항간 [　]
배반 [　]	위장 [　]	준걸 [　]	항설 [　]
부고 [　]	인척 [　]	준수 [　]	항전 [　]
부임 [　]	혼인 [　]	준재 [　]	군후 [　]
삭감 [　]	애재 [　]	현준 [　]	제후 [　]
삭제 [　]	쾌재 [　]	호준 [　]	반경 [　]
소상 [　]	정정 [　]	질녀 [　]	절경 [　]
명소 [　]	개정 [　]	질부 [　]	직경 [　]
재앙 [　]	교정 [　]	질손 [　]	측경 [　]
천앙 [　]	증정 [　]	질항 [　]	계피 [　]

✎ 독음에 한자를 쓰시오

월계 [　　]	동사 [　　]	암매 [　　]	병설 [　　]
구존 [　　]	동상 [　　]	명명 [　　]	병용 [　　]
도산 [　　]	동태 [　　]	명백 [　　]	병창 [　　]
도치 [　　]	동토 [　　]	명복 [　　]	병행 [　　]
압도 [　　]	냉동 [　　]	명상 [　　]	삭망 [　　]
절도 [　　]	망막 [　　]	명혼 [　　]	삭풍 [　　]
타도 [　　]	망망 [　　]	혼명 [　　]	상전벽해 [　　]
졸도 [　　]	망망대해 [　　]	미궁 [　　]	교섭 [　　]
도리 [　　]	망연 [　　]	미로 [　　]	순교 [　　]
도원 [　　]	망연자실 [　　]	미신 [　　]	순국 [　　]
도원결의 [　　]	매립 [　　]	미아 [　　]	순사 [　　]
도화 [　　]	매몰 [　　]	미혹 [　　]	순장 [　　]
천도 [　　]	매복 [　　]	혼미 [　　]	순절 [　　]
호도 [　　]	매장 [　　]	모방 [　　]	순직 [　　]
동결 [　　]	매장 [　　]	병립 [　　]	오락 [　　]

✎ 독음에 한자를 쓰시오

오락실 [　　]	조세 [　　]	조차지 [　　]	흉부 [　　]
옹주 [　　]	전조 [　　]	축류 [　　]	흉중 [　　]
노옹 [　　]	주가 [　　]	축사 [　　]	심흉 [　　]
촌옹 [　　]	주권 [　　]	축산 [　　]	견강부회 [　　]
금자 [　　]	주식 [　　]	가축 [　　]	견련 [　　]
내자 [　　]	주주 [　　]	목축 [　　]	견련지친 [　　]
자의 [　　]	신주 [　　]	동헌 [　　]	견우 [　　]
자행 [　　]	주산 [　　]	황당 [　　]	견인 [　　]
방자 [　　]	주옥 [　　]	황량 [　　]	견제 [　　]
작정 [　　]	진주 [　　]	황망 [　　]	필경 [　　]
대작 [　　]	차금 [　　]	황성 [　　]	성곽 [　　]
참작 [　　]	차력 [　　]	황야 [　　]	외곽 [　　]
청작 [　　]	차용 [　　]	황지 [　　]	윤곽 [　　]
재상 [　　]	가차 [　　]	흉리 [　　]	괘도 [　　]
주재 [　　]	조차 [　　]	흉배 [　　]	괘등 [　　]

✍ 독음에 한자를 쓰시오

괘종 [　　]	녹비 [　　]	만각 [　　]	병풍 [　　]
기한 [　　]	누계 [　　]	만년 [　　]	붕괴 [　　]
기결 [　　]	누적 [　　]	만당 [　　]	붕락 [　　]
기득 [　　]	누란지위 [　　]	만생종 [　　]	붕성 [　　]
기성 [　　]	누진 [　　]	만성 [　　]	사생취의 [　　]
기왕 [　　]	누차 [　　]	만학 [　　]	사신 [　　]
기정 [　　]	누한 [　　]	맥농 [　　]	취사 [　　]
기혼 [　　]	혈루 [　　]	맥작 [　　]	사족 [　　]
가돈 [　　]	이화 [　　]	맥피 [　　]	독사 [　　]
양돈 [　　]	마립간 [　　]	미맥 [　　]	백사 [　　]
약취 [　　]	마약 [　　]	소맥 [　　]	청사 [　　]
침략 [　　]	마취 [　　]	호맥 [　　]	사로 [　　]
양상군자 [　　]	대마 [　　]	민감 [　　]	사면 [　　]
교량 [　　]	유마 [　　]	민속 [　　]	사선 [　　]
녹각 [　　]	호마 [　　]	과민 [　　]	사시 [　　]

✎ 독음에 한자를 쓰시오

사안 [ ]	송사 [ ]	유아독존 [ ]	홍자 [ ]
경사 [ ]	소송 [ ]	유유 [ ]	첨가 [ ]
길상 [ ]	순망치한 [ ]	유일무이 [ ]	첨부 [ ]
대상 [ ]	토순 [ ]	유독 [ ]	첨삭 [ ]
소상 [ ]	홍순 [ ]	유일부족 [ ]	축객 [ ]
서모 [ ]	신계 [ ]	음녀 [ ]	축출 [ ]
서무 [ ]	신성 [ ]	음담 [ ]	방축 [ ]
서민 [ ]	신성 [ ]	음란 [ ]	탐관오리 [ ]
서자 [ ]	경애 [ ]	음부 [ ]	탐독 [ ]
서출 [ ]	변애 [ ]	음서 [ ]	탐심 [ ]
서론 [ ]	수애 [ ]	음욕 [ ]	탐욕 [ ]
서사 [ ]	언감생심 [ ]	인년 [ ]	식탐 [ ]
서술 [ ]	언재호야 [ ]	인념 [ ]	투과 [ ]
서정 [ ]	용렬 [ ]	인시 [ ]	투명 [ ]
자서 [ ]	중용 [ ]	자금성 [ ]	투사 [ ]

✐ 독음에 한자를 쓰시오

투철 [ ]	하엽 [ ]	해갈 [ ]	자포자기 [ ]
침투 [ ]	하중 [ ]	경골 [ ]	투기 [ ]
투시 [ ]	부하 [ ]	경도 [ ]	파기 [ ]
판로 [ ]	집하 [ ]	경성 [ ]	기하 [ ]
판매 [ ]	현악 [ ]	경수 [ ]	기하급수 [ ]
가판 [ ]	관현 [ ]	경직 [ ]	기세도명 [ ]
시판 [ ]	탄현 [ ]	경화 [ ]	뇌쇄 [ ]
총판 [ ]	추호 [ ]	궐녀 [ ]	고뇌 [ ]
편견 [ ]	필부정호 [ ]	멸균 [ ]	우뇌 [ ]
편경 [ ]	휘호 [ ]	병균 [ ]	대본 [ ]
편모 [ ]	갈구 [ ]	보균 [ ]	대여 [ ]
편식 [ ]	갈급 [ ]	살균 [ ]	대용 [ ]
편애 [ ]	갈망 [ ]	세균 [ ]	대출 [ ]
하담 [ ]	갈증 [ ]	기각 [ ]	도강 [ ]
하물 [ ]	고갈 [ ]	기권 [ ]	도래 [ ]

✎ 독음에 한자를 쓰시오

도미 [ ]	매개 [ ]	순행 [ ]	온탕 [ ]
도일 [ ]	매체 [ ]	순환 [ ]	욕탕 [ ]
도하 [ ]	중매 [ ]	심방 [ ]	잡탕 [ ]
부도 [ ]	방계 [ ]	심상 [ ]	대폭 [ ]
돈화 [ ]	방관 [ ]	영가 [ ]	반폭 [ ]
돈후 [ ]	방점 [ ]	제방 [ ]	전폭 [ ]
둔감 [ ]	방청 [ ]	방파제 [ ]	횡폭 [ ]
둔기 [ ]	근방 [ ]	청천 [ ]	격리 [ ]
둔재 [ ]	사기 [ ]	쾌청 [ ]	격세지감 [ ]
둔필 [ ]	사취 [ ]	교체 [ ]	격월 [ ]
우둔 [ ]	사칭 [ ]	대체 [ ]	격일 [ ]
열상 [ ]	사도 [ ]	대체 [ ]	격차 [ ]
분열 [ ]	사문 [ ]	체포 [ ]	간격 [ ]
사분오열 [ ]	미속 [ ]	약탕 [ ]	견사 [ ]
파열 [ ]	필수 [ ]	열탕 [ ]	견직물 [ ]

✎ 독음에 한자를 쓰시오

생견 [ ]	고도 [ ]	뇌고 [ ]	분봉 [ ]
본견 [ ]	염가 [ ]	뇌관 [ ]	여왕봉 [ ]
인조견 [ ]	염문 [ ]	뇌성 [ ]	빙모 [ ]
금괴 [ ]	염직 [ ]	뇌우 [ ]	빙부 [ ]
대괴 [ ]	염치 [ ]	모금 [ ]	빙장 [ ]
괴사 [ ]	염탐 [ ]	모병 [ ]	징빙 [ ]
근근 [ ]	청렴 [ ]	모집 [ ]	초빙 [ ]
근소 [ ]	영도 [ ]	공모 [ ]	색원 [ ]
도공 [ ]	영세 [ ]	급모 [ ]	변새 [ ]
도료 [ ]	영시 [ ]	응모 [ ]	요새 [ ]
도색 [ ]	영우 [ ]	번뇌 [ ]	서기 [ ]
도장 [ ]	녹미 [ ]	번우 [ ]	대서 [ ]
도탄 [ ]	녹읍 [ ]	번잡 [ ]	소서 [ ]
도개교 [ ]	관녹 [ ]	봉방 [ ]	염서 [ ]
도탈 [ ]	국녹 [ ]	봉왕 [ ]	폭서 [ ]

✎ 독음에 한자를 쓰시오

피서 [　　]	오산 [　　]	위헌 [　　]	채무 [　　]
수검 [　　]	오호 [　　]	위화 [　　]	공채 [　　]
수사 [　　]	요동 [　　]	임금 [　　]	국채 [　　]
수색 [　　]	요순고설 [　　]	임대 [　　]	부채 [　　]
수소문 [　　]	요요 [　　]	임차 [　　]	편력 [　　]
수행 [　　]	요지부동 [　　]	공임 [　　]	편재 [　　]
감수 [　　]	요대 [　　]	노임 [　　]	보편 [　　]
완수 [　　]	요도 [　　]	운임 [　　]	해당 [　　]
수면 [　　]	요부 [　　]	전각 [　　]	해박 [　　]
혼수 [　　]	요절 [　　]	전당 [　　]	혐기 [　　]
양귀비 [　　]	요통 [　　]	전하 [　　]	혐오 [　　]
양류 [　　]	위반 [　　]	성전 [　　]	혐원 [　　]
양지 [　　]	위배 [　　]	신전 [　　]	혐의 [　　]
백양 [　　]	위법 [　　]	근정전 [　　]	훼상 [　　]
오기 [　　]	위약 [　　]	채권 [　　]	훼손 [　　]

✎ 독음에 한자를 쓰시오

훼언 [　　　] 누수 [　　　] 부패 [　　　] 상미 [　　　]

휴대 [　　　] 누전 [　　　] 두부 [　　　] 서문 [　　　]

제휴 [　　　] 누출 [　　　] 진부 [　　　] 서약 [　　　]

개탄 [　　　] 옥루 [　　　] 부과 [　　　] 맹서 [　　　]

개연성 [　　] 만성 [　　　] 부금 [　　　] 선서 [　　　]

파견 [　　　] 오만 [　　　] 부여 [　　　] 선서문 [　　]

각료 [　　　] 자만 [　　　] 부역 [　　　] 송경 [　　　]

관료 [　　　] 태만 [　　　] 시부 [　　　] 송독 [　　　]

동료 [　　　] 만담 [　　　] 월부 [　　　] 송시 [　　　]

막료 [　　　] 만평 [　　　] 빈객 [　　　] 암송 [　　　]

누년 [　　　] 만필 [　　　] 국빈 [　　　] 요망 [　　　]

누대 [　　　] 만화 [　　　] 귀빈 [　　　] 위본 [　　　]

누차 [　　　] 낭만 [　　　] 내빈 [　　　] 위서 [　　　]

누기 [　　　] 밀봉 [　　　] 내빈 [　　　] 위선 [　　　]

누락 [　　　] 밀월 [　　　] 외빈 [　　　] 위장 [　　　]

✎ 독음에 한자를 쓰시오

위조 [　　] 체불 [　　] 탄신 [　　] 조도 [　　]

위증 [　　] 연체 [　　] 탄일 [　　] 연근 [　　]

연적 [　　] 정체 [　　] 성탄절 [　　] 연실 [　　]

참변 [　　] 체가 [　　] 탈환 [　　] 연지 [　　]

참사 [　　] 체감 [　　] 강탈 [　　] 연화 [　　]

참상 [　　] 체부 [　　] 약탈 [　　] 동병상련 [　　]

참패 [　　] 체신 [　　] 쟁탈 [　　] 애련 [　　]

비참 [　　] 체증 [　　] 침탈 [　　] 애련 [　　]

처참 [　　] 역체 [　　] 포만 [　　] 인가 [　　]

창달 [　　] 칠갑 [　　] 포식 [　　] 인국 [　　]

창무 [　　] 칠기 [　　] 포화 [　　] 인근 [　　]

화창 [　　] 칠판 [　　] 표류 [　　] 인접 [　　]

체납 [　　] 칠흑 [　　] 표백 [　　] 선인 [　　]

체념 [　　] 흑칠 [　　] 부표 [　　] 모종 [　　]

체류 [　　] 탄생 [　　] 수도 [　　] 세모 [　　]

✎ 독음에 한자를 쓰시오

일모 [ ]	반석 [ ]	수하 [ ]	완행 [ ]
조모 [ ]	골반 [ ]	안족 [ ]	완화 [ ]
묘당 [ ]	소반 [ ]	열람 [ ]	위도 [ ]
묘의 [ ]	은반 [ ]	열병 [ ]	위서 [ ]
묘주 [ ]	음반 [ ]	검열 [ ]	경위 [ ]
종묘 [ ]	분묘 [ ]	교열 [ ]	접몽 [ ]
묵가 [ ]	고분 [ ]	사열 [ ]	호접 [ ]
묵객 [ ]	선분 [ ]	예각 [ ]	황접 [ ]
묵묘 [ ]	사가독서 [ ]	예리 [ ]	진노 [ ]
묵선 [ ]	사약 [ ]	예민 [ ]	진도 [ ]
묵죽 [ ]	사전 [ ]	예의 [ ]	진동 [ ]
묵화 [ ]	하사 [ ]	첨예 [ ]	진천동지 [ ]
애민 [ ]	후사 [ ]	완급 [ ]	진폭 [ ]
애민 [ ]	소식 [ ]	완만 [ ]	지진 [ ]
연민 [ ]	채소 [ ]	완충 [ ]	참괴 [ ]

✎ 독음에 한자를 쓰시오

감참 [　　] 전파 [　　] 조폐 [　　] 당분 [　　]

천도 [　　] 직파 [　　] 지폐 [　　] 과당 [　　]

천선 [　　] 춘파 [　　] 화폐 [　　] 독신 [　　]

천이 [　　] 편년체 [　　] 광휘 [　　] 독실 [　　]

천직 [　　] 편물 [　　] 명휘 [　　] 독지 [　　]

맹모삼천 [　　] 편성 [　　] 강철 [　　] 독행 [　　]

변천 [　　] 편수 [　　] 강판 [　　] 돈독 [　　]

타락 [　　] 편역 [　　] 특수강 [　　] 마멸 [　　]

파면 [　　] 편입 [　　] 제강 [　　] 마석 [　　]

파업 [　　] 폐가 [　　] 귀감 [　　] 연마 [　　]

파직 [　　] 폐간 [　　] 귀갑 [　　] 연마 [　　]

파진 [　　] 폐광 [　　] 귀두 [　　] 절마 [　　]

파종 [　　] 폐교 [　　] 귀선 [　　] 탁마 [　　]

파천 [　　] 폐지 [　　] 균열 [　　] 변리 [　　]

건파 [　　] 폐물 [　　] 당류 [　　] 변명 [　　]

✎ 독음에 한자를 쓰시오

변상 [   ]   알성급제 [   ]   단장 [   ]   탁류 [   ]

변제 [   ]   알성과 [   ]   토장 [   ]   탁수 [   ]

변증 [   ]   알현 [   ]   준거 [   ]   탁주 [   ]

논변 [   ]   배알 [   ]   준법 [   ]   둔탁 [   ]

빈도 [   ]   연미복 [   ]   준수 [   ]   오탁 [   ]

빈발 [   ]   옹립 [   ]   준용 [   ]   혼탁 [   ]

빈번 [   ]   옹벽 [   ]   준행 [   ]   은폐 [   ]

소각 [   ]   옹위 [   ]   지각 [   ]   군현 [   ]

소사 [   ]   옹호 [   ]   지연 [   ]   형광 [   ]

소실 [   ]   포옹 [   ]   지지부진 [   ]   형설지공 [   ]

소주 [   ]   응결 [   ]   착각 [   ]   형평 [   ]

연소 [   ]   응고 [   ]   착란 [   ]   균형 [   ]

전소 [   ]   응시 [   ]   착오 [   ]   도량형 [   ]

아사 [   ]   응축 [   ]   착잡 [   ]   평형 [   ]

알성 [   ]   응집력 [   ]   교착 [   ]   효득 [   ]

✎ 독음에 한자를 쓰시오

효성 [　]	선교 [　]	조갈증 [　]	추잡 [　]
효천 [　]	선도 [　]	건조 [　]	추태 [　]
개효 [　]	선사 [　]	천거 [　]	추행 [　]
교각살우 [　]	선원 [　]	추천 [　]	탁족 [　]
교정 [　]	선종 [　]	추천 [　]	세탁 [　]
남발 [　]	수연 [　]	촉광 [　]	홍모 [　]
남벌 [　]	습기 [　]	촉대 [　]	근계 [　]
남작 [　]	습도 [　]	촉루 [　]	근고 [　]
남획 [　]	습윤 [　]	화촉 [　]	근신 [　]
상환 [　]	습지 [　]	총기 [　]	근엄 [　]
무상 [　]	건습 [　]	총기 [　]	근하 [　]
변상 [　]	다습 [　]	총명 [　]	기마 [　]
보상 [　]	여론 [　]	추녀 [　]	기병 [　]
유상 [　]	여지 [　]	추물 [　]	기사 [　]
선가 [　]	여지도 [　]	추악 [　]	기수 [　]

✎ 독음에 한자를 쓰시오

기호 [　　]	복면 [　　]	계속 [　　]	수확 [　　]
지세 [　　]			
취기 [　　]	복사 [　　]	계속 [　　]	등극 [　　]
악취 [　　]	복심 [　　]	계박 [　　]	등락 [　　]
침수 [　　]	복토 [　　]	무산 [　　]	등마 [　　]
침염 [　　]	쇄골 [　　]	오리무중 [　　]	급등 [　　]
포교 [　　]	쇄국 [　　]	운무 [　　]	상등 [　　]
포도 [　　]	봉쇄 [　　]	계보 [　　]	폭등 [　　]
포졸 [　　]	폐쇄 [　　]	악보 [　　]	소동 [　　]
포착 [　　]	작위 [　　]	연보 [　　]	소란 [　　]
생포 [　　]	공작 [　　]	족보 [　　]	소음 [　　]
엽관 [　　]	백작 [　　]	증봉 [　　]	고객 [　　]
엽기 [　　]	확대 [　　]	증여 [　　]	고문 [　　]
엽사 [　　]	확산 [　　]	징계 [　　]	회고 [　　]
엽총 [　　]	확충 [　　]	징벌 [　　]	용자불구 [　　]
복개 [　　]	계류 [　　]	징역 [　　]	구보 [　　]

✍ 독음에 한자를 쓰시오

구제 [　　] 섭행 [　　] 절시 [　　] 주형 [　　]

구충 [　　] 약동 [　　] 절취 [　　] 염분 [　　]

선구 [　　] 약진 [　　] 주공 [　　] 염전 [　　]

섭념 [　　] 도약 [　　] 주물 [　　] 백염 [　　]

섭리 [　　] 비약 [　　] 주전 [　　] 식염 [　　]

섭생 [　　] 일약 [　　] 주조 [　　] 제염 [　　]

섭정 [　　] 활약 [　　] 주철 [　　] 천일염 [　　]

섭취 [　　] 절도 [　　]

●도서출판 지능,신기교육 (도서총판 보람도서) 유치원, 어린이집, 학원 전문 학습교재 ●
한글/숫자/받아쓰기/영어/주산/암산/서예/한자/속셈/보습/웅변/글짓기/글쓰기/논술/속독
전화 02-856-4983 / 070-7750-7130 휴대폰 010-5250-7130   팩스 02-856-4984

◆ 주산 / 암산 / 수리셈 시리즈	◆ 한글 / 숫자 / 받아쓰기	◆ 한자 / 중국어
주산짱암산짱+기초(개정판)	병아리반의 가나다라	급수검정한자교본 8급
주산짱암산짱+주산 10급~1급	상, 중, 하, 총정리	급수검정한자교본 7급
주산짱암산짱+암산 10급~1급	병아리반의 하나둘셋	급수검정한자교본 6급
주산짱암산짱+암산 단급	상, 중, 하, 총정리	급수검정한자교본 5급
뉴주산수리셈 1~10단계	한글지도 I, II, III	급수검정한자교본 4급
주산급수평가예상문제집 10급~1급	똘이의 글마당 상, 중, 하	급수검정한자교본 4급2
주산급수평가예상문제집 단급 A,B단계	똘이의 셈마당 상, 중, 하	급수검정한자교본 3급
	한글쓰기 1~3단계	급수검정한자교본 3급2
주산짱암산짱+호산문제집	글샘합본 아름드리 하나~여섯	급수검정한자교본 2급
주산짱암산짱+학습장	영재 국어 글동산 1~5단계	급수검정한자교본 1급
수리셈 주산입문 1, 2	영재 수학 셈동산 1~3단계	비테에 한자여행 1~6
수리셈 주산연습문제집 12급~1급, 단급	내친구 한글아 상, 중, 하	급수한자자격 기출예상문제집 8급
수리셈 암산연습문제집 9급~1급, 단급	내친구 한글아 완성편	급수한자자격 기출예상문제집 7급
	한글깨우침 1~6단계	
검정시험통합 주산암산문제집 12급~1급	수셈깨우침 1~6단계	급수한자자격 기출예상문제집 6급
	참똑똑한 한글달인 1~6단계	급수한자자격 기출예상문제집 5급
주산수리셈 보충교재 1, 2	참똑똑한 수학달인 1~6단계	
주산암산경기대회연습문제집 유치부, 1학년, 2학년, 고학년	비테에 한글 1~8단계	급수한자자격 기출예상문제집 준5급
	비테에 수학 1~8단계	급수한자자격 기출예상문제집 5급
주산수리셈 기초 1단계, 2단계	비테에 종합커리큘럼 1~6단계	급수한자자격 기출예상문제집 준4급
주산수리셈 영문판 1~10단계	원활동교실 1~6단계	급수한자자격 기출예상문제집 4급
주산 실무지도서	꿈초롱별초롱 한글쓰기 초, 중, 고	급수한자자격 기출예상문제집 준3급
주산 실기연습문제집	지혜모아 한글 1~5단계	급수한자자격 기출예상문제집 3급
주산교육과 두뇌건강	해님이 우리글 1~6단계, 마무리	급수한자자격 기출예상문제집 준2급
주판 13주(칼라), 23주	달님이 수놀이 1~6단계, 마무리	
교사용주판 11종	받아쓰기 짱 1~4단계	급수한자자격 기출예상문제집 2급
	한글 받아쓰기 짱 1~4	급수한자자격 기출예상문제집 준1급
◆ 연산 / 보수 / 속셈 문제	◆ 글쓰기 / 논술 / 속독	급수한자자격 기출예상문제집 1급
(연산) 기초속셈문제 저학년(1~3학년), 고학년(4~6학년)	알짜 글쓰기 1~12단계	중국어 간체자 필기본
	동화속의 논술여행 A~D 각 1~5	◆ 동요 / 동시
숫자(속셈)공부	동화속의 논술여행 A~D세트 (각 세트 5권)	이주일의 동시 1~6학년
숫자공부1(지능정복1단계)	글쓰기왕국 기초, 초급, 중급, 고급 각 1~9	우리 옛시조 감상
숫자공부2(지능정복2단계)		해맑은 아이들의 동시
지능속셈정복3~12단계		
하나둘셋 (속셈문제 1단계)	브레인 두뇌속독	
속셈문제연습 2~13단계	정속독 실기1, 2, 응용 1,2,3	
지능 시계공부	독서뱅크3	

단계별 학습 교재 세트는 낱권도 판매 가능
유치원, 학교, 학원, 방과후, 공부방 등 단체 공동구매 및 다량 주문시 특별할인판매
표지 및 정가는 홈페이지 쇼핑몰에서 확인하실 수 있습니다.
BORAMBOOK.CO.KR / boram@borambook.co.kr

지능, 신기교육 주산문제	푸른잔디 연간 프로그램	푸른잔디 월간 프로그램
숫자와주판의 만남 상(11급수준)	러닝 투게더 병아리반 (언어인지 10권/수리탐구 10권)	아이러브 시리즈 A단계 한글 20권, 수학 20권
숫자와주판의 만남 하(10급수준)	러닝 투게더 영아반 (언어인지 10권/수리탐구 10권)	아이러브 시리즈 B단계 한글 20권, 수학 20권
숫자와주판의 만남 숙달1단계(7급)	러닝 투게더 유아반 (언어인지 10권/수리탐구 10권)	아이러브 시리즈 C단계 한글 20권, 수학 20권
숫자와주판의 만남 숙달2단계(6급)	러닝 투게더 유치반 (언어인지 10권/수리탐구 10권)	아이러브 시리즈 D단계 한글 20권, 수학 20권
기초주산교본 상(9급)	베이스 캠프 기초반 놀이캠프 4권/미술캠프 2권/ 퍼즐(대-4종/소-4종)/ 그림카드 38장	
기초주산교본 하(9급)		**기타 / 단행본**
정통주산문제연습장 7급(8절)		피카소는 내친구 1~5단계
정통주산문제연습장 6급(8절)	베이스 캠프 병아리반 의사소통 10권/수리탐구 10권/ 예술경험 2권/과학탐구 2권/ 그림카드 48장	창의 또래마당 1~4
정통주산문제연습장 5급(8절)		미술은 내친구 1~6단계
정통주산문제연습장 4급(8절)		미술이 좋아요 1,2,3
	베이스 캠프 영아반 의사소통 12권/수리탐구 12권/ 예술경험 2권/과학탐구 2권/ 그림카드 64장	미술이 신나요 1,2,3
◆ 영어 첫걸음 / 회화 / 영문법		손유희로 꾸며본 성경이야기
영어회화 1~2		손유희 성경이야기 Tape
어린이영어 첫걸음, 1, 2, 3단계		손유희 창작구연동화
패스 기초 영문법	베이스 캠프 유아반 의사소통 10권/수리탐구 10권/ 예술경험 2권/8급 한자 2권	손유희 창작구연동화 Tape
영어를 한글같이		말거리 365 웅변원고
발음첫걸음 1~2		천재여 일어나라
별님이 영어 1, 2, 3단계	베이스 캠프 유치반 의사소통 12권/수리탐구 12권/ 예술경험 2권/8급한자 2권	컴퓨터 한자사전 (CD포함)
상상大로		미용학 사전
수학에 퐁당 1~5		헤어 어드벤처
한글에 퐁당 1~5	**푸른잔디 단계별 프로그램**	세계를 품은 아이
한글 쓰기에 퐁당 1~5	스토리텔링 학습으로 배우는 한글캠프 1~7권, 1학년	**사전 (졸업선물)**
	스토리텔링 학습으로 배우는 수학캠프 1~7권, 1학년	초등학교 새국어사전(양장본)
상상大로 월간학습프로그램		초등학교 새국어사전(칼라판)
월간 한글 배움배움 4세, 5세, 6세, 7세 (3월~2월) 매월 8개씩 카드 포함	푸른한글 1~7단계	초등학교 새영어사전
	푸른수학 1~7단계	**도감 (졸업선물)**
	봉봉 드로잉북 1~6권	숲체험현장(동,식물,곤충도감)
월간 수학 배움배움 4세, 5세, 6세, 7세 (3월~2월) 매월 8개씩 카드 포함	**푸른잔디 미술**	아! 꽃이다
	러닝 투게더 미술 초급 4권	아! 공룡이다
	러닝 투게더 미술 중급 4권	화훼 학습자료
상상大로 나만의 동화책 만들기	러닝 투게더 미술 고급 4권	어린이 동물도감
(생일) 오늘은 내가 주인공		어린이 동식물도감
(생일) 오늘이 내 생일이야	**푸른잔디 가베**	**- 기타 단행본 안내 -** 반딧불이, 한결미디어 등 각종출판사 약 1,000종
(생일) 오늘도 사랑받고 있는 나	러닝 투게더 프뢰벨의 가베 A단계 10권	
(종업) 안녕? 내 친구	러닝 투게더 프뢰벨의 가베 B단계 10권	
(종업) 즐거운 원생활		
(종업) 행복한 친구들	러닝 투게더 프뢰벨의 가베 C단계 10권	
※ 아이들의 사진과 글이 담긴 특별한 동화책입니다.	러닝 투게더 프뢰벨의 가베 D단계 10권	